中财传媒版 2024年注册会计师全国统一考试辅导系列丛书·注定会赢®

会计全真模拟试题

财政部中国财经出版传媒集团 组编

U0823473

中国财经出版传媒集团
中国财政经济出版社
·北京·

图书在版编目（CIP）数据

会计全真模拟试题／财政部中国财经出版传媒集团组编．--北京：中国财政经济出版社，2024.2
（中财传媒版 2024 年注册会计师全国统一考试辅导系列丛书．注定会赢）
ISBN 978－7－5223－2888－1

Ⅰ.①会…　Ⅱ.①财…　Ⅲ.①会计学－资格考试－习题集　Ⅳ.①F230－44

中国国家版本馆 CIP 数据核字（2024）第 024191 号

责任编辑：张若丹　　　　责任校对：张　凡
封面设计：卜建辰　　　　责任印制：党　辉

会计全真模拟试题
KUAIJI QUANZHEN MONI SHITI

中国财政经济出版社 出版
URL：http：//www. cfeph. cn
E－mail：cfeph@ cfeph. cn
（版权所有　翻印必究）
社址：北京市海淀区阜成路甲 28 号　邮政编码：100142
营销中心电话：010－88191522
天猫网店：中国财政经济出版社旗舰店
网址：https：//zgczjjcbs. tmall. com
北京中兴印刷有限公司印刷　各地新华书店经销
成品尺寸：185mm×260mm　16 开　7.25 印张　172 000 字
2024 年 2 月第 1 版　2024 年 2 月北京第 1 次印刷
定价：38.00 元
ISBN 978－7－5223－2888－1
（图书出现印装问题，本社负责调换，电话：010－88190548）
本社图书质量投诉电话：010－88190744
打击盗版举报热线：010－88191661　QQ：2242791300

前言 Preface

为帮助广大考生全面理解2024年注册会计师考试大纲和考试辅导教材内容，在有限的复习时间内掌握教材知识和考点，顺利通过考试，中国财经出版传媒集团组织多年从事注册会计师考试辅导的名师、专家编写了“中财传媒版2024年注册会计师全国统一考试辅导系列丛书·注定会赢”。该套丛书紧扣2024年考试大纲和考试教材内容，包括“通关题库”“五年真题详解”“要点随身记”“全真模拟试题”四个系列，涵盖了专业阶段考试的六个科目，即会计、审计、财务成本管理、经济法、税法和公司战略与风险管理。

“通关题库”系列：由“考点列示及通关演练”“跨章节主观题演练”组成，逐章精炼历年考试中的高频考点和考试难点，精选通关演练题目，从而形成高质量题库合集，针对易错点、易混点、重难点，帮助考生夯实基础、举一反三、快速提分。

“五年真题详解”系列：甄选五年真题，审题要点、思维拓展、坑点提示、抢分秘籍、历年考情五维详解，搭建真题考点地图，构建真题深度解析体系，帮助考生练真题、析真题、懂真题。

“要点随身记”系列：是记忆锦囊的口袋书，以要点和表格的形式，总结、提炼教材中的知识点，便于考生利用碎片化时间，随时随地温故知新、高效学习。

“全真模拟试题”系列：以真题为依托，全书包括6套模拟试题，力求达到“全真模拟”，检验学习成果，把握答题技巧，提高实战能力，以更高的标准备考。

中财传媒版“注定会赢”系列注册会计师考试辅导丛书，具有各科知识点全面覆盖、重点难点精准掌握、基础知识稳扎稳打、题目题型针对贴切等特点，与注册会计师全国统一考试辅导教材相得益彰，四个系列图书助力读者不同复习阶段的备考。

希望这套图书能帮助您攻克每一个学习难关，衷心祝愿各位考生顺利通过注册会计师考试。

前言 Preface

Contents

目录

2024 年注册会计师全国统一考试《会计》全真模拟试题（一） …………………………（ 1 ）

2024 年注册会计师全国统一考试《会计》全真模拟试题（一）参考答案及解析 ……（ 11 ）

2024 年注册会计师全国统一考试《会计》全真模拟试题（二） …………………………（ 19 ）

2024 年注册会计师全国统一考试《会计》全真模拟试题（二）参考答案及解析 ……（ 29 ）

2024 年注册会计师全国统一考试《会计》全真模拟试题（三） …………………………（ 38 ）

2024 年注册会计师全国统一考试《会计》全真模拟试题（三）参考答案及解析 ……（ 48 ）

2024 年注册会计师全国统一考试《会计》全真模拟试题（四） …………………………（ 57 ）

2024 年注册会计师全国统一考试《会计》全真模拟试题（四）参考答案及解析 ……（ 67 ）

2024 年注册会计师全国统一考试《会计》全真模拟试题（五） …………………………（ 75 ）

2024 年注册会计师全国统一考试《会计》全真模拟试题（五）参考答案及解析 ……（ 85 ）

2024 年注册会计师全国统一考试《会计》全真模拟试题（六） …………………………（ 94 ）

2024 年注册会计师全国统一考试《会计》全真模拟试题（六）参考答案及解析 ……（104）

目录

2024年注册会计师全国统一考试《会计》全真模拟试题（一）……（1）
2024年注册会计师全国统一考试《会计》全真模拟试题（一）参考答案及解析……（13）
2024年注册会计师全国统一考试《会计》全真模拟试题（二）……（19）
2024年注册会计师全国统一考试《会计》全真模拟试题（二）参考答案及解析……（29）
2024年注册会计师全国统一考试《会计》全真模拟试题（三）……（38）
2024年注册会计师全国统一考试《会计》全真模拟试题（三）参考答案及解析……（48）
2024年注册会计师全国统一考试《会计》全真模拟试题（四）……（57）
2024年注册会计师全国统一考试《会计》全真模拟试题（四）参考答案及解析……（67）
2024年注册会计师全国统一考试《会计》全真模拟试题（五）……（75）
2024年注册会计师全国统一考试《会计》全真模拟试题（五）参考答案及解析……（85）
2024年注册会计师全国统一考试《会计》全真模拟试题（六）……（94）
2024年注册会计师全国统一考试《会计》全真模拟试题（六）参考答案及解析……（104）

2024年注册会计师全国统一考试
《会计》全真模拟试题（一）

一、单项选择题（共13个小题，每个小题2分，共26分）

1. 下列各项业务的处理中，体现实质重于形式这一会计信息质量要求的是（　　）。

A. 对未决诉讼确认预计负债

B. 对存货计提跌价准备

C. 对外公布财务报表时提供可比信息

D. 将附有追索权的商业承兑汇票出售确认为质押贷款

2. 甲公司为生产大型设备的企业，拥有库存商品A型号设备和B型号设备。2×23年末库存商品A、B账面余额分别为2 000万元和1 000万元，可变现净值分别为2 400万元和800万元，A、B均属于单项金额重大的商品，不考虑其他因素，2×23年12月31日资产负债表“存货”项目列示的金额为（　　）。

A. 3 000万元　　B. 2 800万元　　C. 3 200万元　　D. 3 400万元

3. 下列各项中，不应计入在建工程项目成本的是（　　）。

A. 安装生产设备过程中发生的测试费

B. 建造期间工程物资盘盈净收益

C. 建造期间工程物资正常盘亏净损失

D. 为在建工程项目取得的财政专项补贴

4. 下列各项中，制造企业应确认为无形资产的是（　　）。

A. 以出售为目的购入的数据资产

B. 企业合并产生的商誉

C. 内部研究开发项目研究阶段发生的支出

D. 以缴纳土地出让金方式取得的土地使用权

5. 2×22年6月30日，甲公司与乙公司签订租赁合同，合同规定甲公司将一栋自用办公楼出租给乙公司，租赁期为1年，年租金为200万元。当日，出租办公楼的公允价值为8 000万元，大于其账面价值的差额为5 500万元。2×22年12月31日，该办公楼的公允价值为9 000万元。2×23年6月30日，甲公司收回租赁期届满的办公楼并对外出售，取得价款9 500万元。甲公司采用公允价值模式对投资性房地产进行后续计量，不考虑其他因素。

上述交易或事项对甲公司2×23年度损益的影响金额是（　　）。

A. 500万元　B. 6 000万元　C. 6 100万元　D. 7 000万元

6. 甲公司2×23年7月1日自母公司（丁公司）取得乙公司60%股权，当日，乙公司个别财务报表中净资产账面价值为3 200万元。该股权系丁公司于2×21年6月自公开市场购入，丁公司在购入乙公司60%股权时确认了800万元商誉。2×23年7月1日，按丁公司取得该股权时乙公司可辨认净资产公允价值为基础持续计算的乙公司可辨认净资产价值为4 800万元。为进行该项交易，甲公司支付有关审计等中介机构费用120万元。不考虑其他因素，甲公司应确认对乙公司股权投资的初始投资成本是（　　）。

A. 1 920万元　B. 2 040万元　C. 2 880万元　D. 3 680万元

7. 甲公司2×22年1月1日发行1 000万份可转换公司债券，每份面值100元，每份发行价100.5元，可转换公司债券发行2年后，每份可转换公司债券可以转换为4股甲公司普通股（每股面值1元）。甲公司发行该可转换公司债券确认的负债成分初始计量金额为100 150万元，2×23年12月31日，与该可转换公司债券相关负债的账面价值为100 050万元。2×24年1月2日，该可转换公司债券全部转换为甲公司股份。不考虑其他因素，甲公司因该可转换公司债券的转换应确认的资本公积（股本溢价）为（　　）。

A. 350万元　B. 400万元

C. 96 050万元　D. 96 400万元

8. 下列各项因设定受益计划产生的职工薪酬成本中，除非计入资产成本，应当计入其他综合收益的是（　　）。

A. 精算利得或损失　B. 资产上限影响的利息

C. 计划资产的利息收益　D. 结算利得或损失

9. 2×23年1月1日，经股东大会批准，甲公司向50名高管人员每人授予1万份股票期权。根据股份支付协议规定，这些高管人员自2×23年1月1日起在甲公司连续服务3年，即可以每股5元的价格购买1万股甲公司普通股。2×23年1月1日，每份股票期权的公允价值为15元。2×23年没有高管人员离开公司，甲公司预计在未来两年将有5名高管离开公司。2×23年12月31日，甲公司授予高管的股票期权每份公允价值为13元。甲公司因该股份支付协议在2×23年应确认的职工薪酬费用金额是（　　）。

A. 195万元　B. 216.67万元　C. 225万元　D. 250万元

10. 甲公司建造一条生产线，该工程预计工期为两年，建造活动自2×23年7月1日开始，当日预付承包商建设工程款3 000万元。9月30日，追加支付工程进度款2 000万元。甲公司该生产线建造工程占用借款包括：（1）2×23年6月1日借入的三年期专门借款4 000万元，年利率6%；（2）2×23年1月1日借入的两年期一般借款3 000万元，年利率7%。甲公司将闲置部分专门借款投资于货币市场基金，月收益率为0.6%。不考虑其他因素，2×23年甲公司建造该建设工程应予以资本化的利息费用是（　　）。

A. 119.50万元　B. 122.50万元

C. 137.50万元　D. 139.50万元

11. 下列各项中，不构成甲公司关联方的是（　　）。

A. 甲公司的母公司的关键管理人员

B. 与甲公司控股股东关系密切的家庭成员

C. 与甲公司受同一母公司控制的其他公司

D. 与甲公司常年发生交易而存在经济依存关系的代销商

12. 甲公司董事会决定的下列事项中，属于会计政策变更的是（　　）。

A. 将自行开发无形资产的摊销年限由8年调整为6年

B. 将发出存货计价方法由先进先出法变为移动加权平均法

C. 账龄在1年内的应收账款的坏账计提比例由5%调整至8%

D. 将符合持有待售条件的固定资产由非流动资产重分类为流动资产列报

13. 甲公司为上市公司，其2×22年度财务报告于2×23年3月1日对外报出。该公司在2×22年12月31日有一项未决诉讼，经咨询律师，估计很可能败诉并预计将支付的赔偿金额、诉讼费等在760万元至1 000万元之间（其中诉讼费为7万元）。为此，甲公司预计了880万元的负债；2×23年1月30日法院判决甲公司败诉，并需赔偿1 200万元，同时承担诉讼费用10万元。上述事项对甲公司2×22年度利润总额的影响金额为（　　）。

A. －880万元　　B. －1 000万元

C. －1 200万元　　D. －1 210万元

二、多项选择题（共12个小题，每个小题2分，共24分）

1. 下列交易事项中，能够引起资产和所有者权益同时发生增减变动的有（　　）。

A. 分配股票股利　　B. 接受现金捐赠

C. 财产清查中固定资产盘盈　　D. 以银行存款支付原材料采购价款

2. 甲公司为增值税一般纳税人。2×23年12月31日，甲公司存货盘点中发现：（1）原材料收发计量差错盘亏5万元，增值税进项税额0.65万元；（2）原材料自然溢余盘盈20万元；（3）因洪水暴发仓库进水导致原材料毁损1 200万元，增值税进项税额156万元，获得保险公司赔偿800万元，出售毁损原材料取得残值收入200万元，增值税销项税额为26万元；（4）盘盈某产品10万元。假定上述存货盘盈盘亏金额均为成本，存货盘点发现问题已经甲公司管理层批准处理。不考虑存货跌价准备及其他因素，下列各项关于存货盘盈盘亏在甲公司2×23年度会计处理的表述中，不正确的有（　　）。

A. 盘盈某产品10万元计入当期营业收入

B. 原材料自然溢余盘盈20万元计入当期营业外收入

C. 原材料收发计量差错盘亏5.65万元计入当期管理费用

D. 洪水暴发导致原材料净损失356万元计入当期营业外支出

3. 下列各项关于资产期末计量的表述中，正确的有（　　）。

A. 固定资产按照市场价格计量

B. 投资性房地产按照市场价格计量

C. 交易性金融资产按照公允价值计量

D. 存货按照成本与可变现净值孰低计量

4. 2×22年末，甲公司某项资产组（均为非金融长期资产）存在减值迹象，经减值测试，预计资产组的未来现金流量现值4 000万元，公允价值减去处置费用后的净额为3 900万元；该资产组的账面价值5 500万元，其中商誉的账面价值为300万元。2×23年末，该资产组的账面价值为3 800万元。预计未来现金流量现值为5 600万元，公允价值减去处置费用后的净额为5 000万元。该资产组2×22年以前未计提减值准备，不考虑其他因素，下列各项关于甲公司对该资产组减值会计处理的表述中，正确的有（　　）。

A. 2×22年末应计提资产组减值准备1 500万元

B. 2×23年末资产组的账面价值为3 800万元

C. 2×22年末应对资产组包含的商誉计提300万元的减值准备

D. 2×23年末资产组中商誉的账面价值为300万元

5. 2×22年1月1日，甲公司为乙公司的800万元债务提供50%担保。2×22年6月1日，乙公司因无力偿还到期债务被债权人起诉。至2×22年12月31日，法院尚未判决，但经咨询律师，甲公司认为有60%的可能性需要承担全部保证责任，赔偿400万元，并预计承担诉讼费用4万元；有40%的可能无须承担保证责任。2×23年2月10日，法院作出判决，甲公司需承担全部担保责任和诉讼费用。甲公司表示服从法院判决，于当日履行了担保责任，并支付了4万元的诉讼费。2×23年2月20日，2×22年度财务报告经董事会批准报出。不考虑其他因素，下列关于甲公司对该事件的处理中，正确的有（　　）。

A. 在2×23年实际担保款项进行确认预计负债会计处理

B. 在2×22年的利润表中将预计的诉讼费用4万元确认为管理费用

C. 在2×22年的利润表中确认营业外支出400万元

D. 在2×22年的财务报表附注中披露或有负债400万元

6. 下列各项中，能够作为公允价值套期的被套期项目有（　　）。

A. 已确认负债　　B. 尚未确认的确定承诺

C. 极可能发生的预期交易　　D. 已确认资产的组成部分

7. 甲公司2×23年发生下列交易或事项：

（1）以账面价值为18 000万元的土地使用权作为对价，取得同一集团内乙公司80%股权，合并日乙公司净资产在最终控制方合并报表中的账面价值为12 000万元；

（2）为解决现金困难，控股股东代甲公司缴纳税款5 000万元；

（3）为补助甲公司当期研发投入，取得与收益相关的政府补助4 000万元；

（4）控股股东将自身持有的甲公司3%股权赠予甲公司10名管理人员并立即行权。

不考虑其他因素，与甲公司有关的交易或事项中，会引起其2×23年所有者权益中资本性项目发生变动的有（　　）。

A. 大股东代为缴纳税款

B. 取得与收益相关的政府补助

C. 控股股东对管理人员的股份赠予

D. 同一控制下企业合并取得乙公司股权

8. 甲公司与丙公司签订一项资产置换合同。甲公司以其持有的联营企业40%的股权作为对价，另以银行存款支付补价100万元，换取丙公司生产的一大型设备，该设备的公允价值为3 900万元（等于其交易价格）。该联营企业40%股权的初始投资成本为2 200万元；取得时该联营企业可辨认净资产公允价值为7 500万元（可辨认资产、负债的公允价值与账面价值相等）。甲公司取得该股权后至置换大型设备时，该联营企业累计实现净利润3 500万元，分配现金股利400万元，其他综合收益增加650万元（假定均为能够重分类进损益的项目）。交换日，甲公司持有该联营企业40%股权的公允价值为3 800万元。假定该交换具有商业实质。不考虑税费及其他因素，下列各项对上述交易的会计处理中，正确的有（　　）。

A. 甲公司处置该联营企业股权确认投资收益 620 万元

B. 丙公司确认换入该联营企业股权入账价值为 3 800 万元

C. 丙公司确认换出大型专用设备的营业收入为 3 900 万元

D. 甲公司确认换入大型专用设备的入账价值为 3 900 万元

9. 甲公司 2×23 年发生以下外币交易或事项：（1）取得外币借款 1 000 万美元用于补充外币流动资金，当日即期汇率为 1 美元 =6. 34 元人民币；（2）自国外进口设备支付预付款 600 万美元，当日即期汇率为 1 美元 =6. 38 元人民币；（3）出口销售确认美元应收账款 1 800 万美元，当日即期汇率为 1 美元 =6. 43 元人民币；（4）收到私募股权基金对甲公司投资 2 000 万美元，当日即期汇率为 1 美元 =6. 48 元人民币。假定甲公司有关外币项目均不存在期初余额，2×23 年 12 月 31 日，美元兑人民币的即期汇率为 1 美元 =6. 49 元人民币。不考虑其他因素，下列关于甲公司 2×23 年 12 月 31 日因上述项目产生的汇兑损益会计处理的表述中，正确的有（　　）。

A. 应收账款产生汇兑收益应计入当期损益

B. 外币借款产生的汇兑损失应计入当期损益

C. 预付设备款产生的汇兑收益应抵减拟购入资产成本

D. 取得私募股权基金投资产生的汇兑收益应计入资本性项目

10. 下列各项情形中，根据企业会计准则的规定应当重述比较期间每股收益的有（　　）。

A. 报告年度资产负债表日后事项期间以盈余公积转增股本

B. 报告年度因发生同一控制下企业合并发行普通股

C. 报告年度发放股票股利

D. 报告年度因前期差错对比较期间损益进行追溯重述

11. 下列有关公允价值计量结果所属层次的表述中，正确的有（　　）。

A. 公允价值计量结果所属层次，取决于估值技术的输入值

B. 公允价值计量结果所属层次由对公允价值计量整体而言重要的输入值所属的最高层次决定

C. 使用第二层次输入值对相关资产进行公允价值计量时，应当根据资产的特征进行调整

D. 对相同资产或负债在活跃市场上报价进行调整的公允价值计量结果应划分为第二层次或第三层次

12. 下列各项民间非营利组织会计处理中，不正确的有（　　）。

A. 捐赠收入于捐赠方做出书面承诺时确认

B. 如果捐赠方没有提供有关凭据，受赠的非现金资产按名义价值入账

C. 收到受托代理资产时确认受托代理资产，同时确认受托代理负债

D. 接受劳务捐赠按公允价值确认收入

三、计算分析题（共 2 个小题，每个小题 9 分，共 18 分）

1. 2×20 年至 2×23 年，甲公司发生的有关交易或事项如下：

（1）2×20 年 7 月 1 日，甲公司收到政府对其芯片研发项目补助款 1 600 万元并存入银

行，其中1 200万元用于补助新建研发大厦，400万元用于补助研发芯片技术。政府规定，对研发大厦建成当年（考核期）甲公司招聘的研发人员人数和研发芯片的绩效进行考核，若考核不达标则需退回全部补助款。

截至2×20年12月31日，研发大厦尚未建成。甲公司不确定考核期内能否达到政府规定的考核标准。甲公司采用总额法核算政府补助。

（2）2×21年6月30日，研发大厦建成并达到预定可使用状态，总成本为8 000万元，预计使用年限为50年。采用年限平均法计提折旧，预计净残值为零；当日，甲公司预计能够达到政府规定的考核期考核标准。2×21年7～12月发生研发费用1 000万元，因不符合资本化条件，全部计入当期损益。

截至2×21年12月31日，甲公司达到了政府规定的考核期考核标准。

（3）2×23年6月30日，甲公司为整合芯片业务，将研发大厦以7 800万元出售给子公司（乙公司），当日出售研发大厦的款项已收存银行，甲公司持有乙公司80%的股权。

本题不考虑相关税费及其他因素。

要求：

（1）根据资料（1），判断甲公司收到1 600万元补助款时，是否应确认为当期损益或递延收益，说明理由，编制相关会计分录。

（2）根据资料（1）～（2），判断甲公司收到的政府补助是与资产相关还是与收益相关，编制甲公司2×21年度与政府补助相关的会计分录。

（3）根据上述资料，编制甲公司2×23年度个别财务报表中与政府补助、处置研发大厦相关的会计分录，编制甲公司2×23年6月30日合并财务报表相关的抵销或调整分录。

2. 注册会计师在对甲公司2×23年度财务报表进行审计时，关注到甲公司对前期财务报表进行了追溯调整，具体情况如下：

（1）甲公司2×22年1月1日开始进行某项新技术的研发，截至2×22年12月31日，累计发生研究支出300万元，开发支出200万元。在编制2×22年度财务报表时，甲公司考虑到相关技术尚不成熟，能否带来经济利益尚不确定，将全部研究和开发费用均计入当期损益。2×23年12月31日，相关技术的开发取得重大突破，管理层判断其未来能够带来远高于研发成本的经济利益流入，且甲公司有技术、财务和其他资源支持其最终完成该项目。甲公司将本年发生的原计入管理费用的研发支出100万元全部转入“开发支出”项目，并对2×22年已费用化的研究和开发支出进行了追溯调整，相关会计处理如下（会计分录中的金额单位为万元，下同）：

借：研发支出（资本化支出） 600

　　贷：以前年度损益调整 500

　　　　管理费用 100

（2）2×22年7月1日，甲公司向乙公司销售产品，增值税专用发票上注明的销售价格为1 000万元，增值税款130万元，并于当日取得乙公司转账支付的1 130万元。销售合同中还约定：2×23年6月30日甲公司按1 100万元的不含增值税价格回购该批商品，商品一直由甲公司保管，乙公司不承担商品实物灭失或损失的风险。在编制2×22年财务报表时，甲公司将上述交易作为一般的产品销售处理，确认了销售收入1 000万元，并结转销售成本600万元。

2×23 年 6 月 30 日，甲公司按约定支付回购价款 1 100 万元和增值税款 143 万元，并取得增值税专用发票。甲公司重新审阅相关合同，认为该交易实质上是抵押借款，上年度不应作为销售处理，相关会计处理如下：

借：以前年度损益调整（2×22 年营业收入）　1 000
　　贷：其他应付款　1 000
借：库存商品　600
　　贷：以前年度损益调整（2×22 年营业成本）　600
借：其他应付款　1 000
　　财务费用　100
　　应交税费——应交增值税（进项税额）　143
　　贷：银行存款　1 243

（3）甲公司 2×22 年度因合同纠纷被起诉。在编制 2×22 年度财务报表时，该诉讼案件尚未判决，甲公司根据法律顾问的意见，按最可能发生的赔偿金额 100 万元确认了预计负债。2×23 年 7 月，法院判决甲公司赔偿原告 150 万元。甲公司决定接受判决，不再上诉。据此，甲公司相关会计处理如下：

借：以前年度损益调整　50
　　贷：预计负债　50

（4）甲公司某项管理用固定资产系 2×20 年 6 月 30 日购入并投入使用，该设备原值 1 200 万元，预计使用年限 12 年，预计净残值为零，按年限平均法计提折旧。2×23 年 6 月，市场出现更先进的替代资产，管理层重新评估了该资产的剩余使用年限，预计其剩余使用年限为 6 年，预计净残值仍为零（折旧方法不予调整）。甲公司 2×23 年的相关会计处理如下：

借：以前年度损益调整　83.33
　　管理费用　133.33
　　贷：累计折旧　216.66

其他资料：

不考虑所得税等相关税费的影响，以及以前年度损益调整结转的会计处理。

要求：根据资料（1）至（4），判断甲公司对相关事项的会计处理是否正确，并说明理由；对于不正确的事项，编制更正有关会计处理的调整分录。

四、综合题（共 2 个小题，每个小题 16 分，共 32 分）

1. 2×23 年，甲公司发生的相关交易或事项如下：

（1）1 月 4 日，甲公司以 3 000 万元从乙公司购入其发行的 3 年期资产管理计划的优先级 A 类资产支持证券，该证券的年收益率为 5%。

该资产管理计划系乙公司将其所有的股权投资和应收款项作为基础资产发行的资产支持证券，该证券分为优先级 A 类、优先级 B 类和次级类三种。按照发行协议的约定，优先级 A 类和优先级 B 类按固定收益率每年初支付上一年的收益，到期偿还本金和最后一年的收益；基础资产中每年产生的现金流量，按优先级和次级顺序依次支付优先级 A 类、优先级 B 类和次级类持有者的收益。该资产管理计划到期时，基础资产所产生的现金流量按上述顺序依次偿付持有者的本金及最后一年的收益；如果基础资产产生的现金流量不足以支付所有持有者的本金及收益的，按上述顺序依次偿付。

（2）8月8日，甲公司以2 000万元购入由某银行发行的两年期理财产品，预计年收益率为6%。根据该银行理财产品合同的约定，将客户投资理财产品募集的资金投资于3A级公司债券、申购新股和购买国债。

（3）9月30日，甲公司与其开户银行签订保理协议，将一年后到期的5 000万元不带息应收账款，按照4 800万元的价格出售给其开户银行。按照保理协议的约定，如果应收账款到期后债务人不能按期支付款项，甲公司有义务向其开户银行偿付。当日，甲公司收到其开户银行支付的4 800万元款项。

甲公司对应收账款进行管理的目标是，将应收账款持有到期后收取款项，同时兼顾流动性要求转让应收账款。

（4）10月10日，甲公司向特定的合格机构投资者按面值发行永续债3 000万元。根据募集说明书的约定，本次发行的永续债无期限，票面年利率为4.8%，按年支付利息；5年后甲公司可以赎回，如果不赎回，票面年利率将根据当时的基准利率上浮1%；除非利息支付日前12个月发生甲公司向普通股股东支付股利等强制付息事件，甲公司有权取消支付永续债当期的利息，且不构成违约；在支付约定的永续债当期利息前，甲公司不得向普通股股东分配股利；甲公司有权按照永续债票面金额加上当期已决议支付但尚未支付的永续债利息之和赎回本次发行的永续债；本次发行的永续债不设置投资者回售条款，也不设置强制转换为普通股的条款；甲公司清算时，永续债持有者的清偿顺序劣后于普通债务的债权人，但在普通股股东之前。

甲公司根据相应的议事机制，能够自主决定普通股股利的支付。

（5）12月31日，经董事会批准，甲公司与丙公司签订出售其所持丁公司20%股权的协议。协议约定，出售价格为3 500万元，甲公司应于2×24年4月末前办理完成丁公司股权的产权转移手续。甲公司预计能够按照协议约定完成丁公司股权的出售，预计出售该股权发生的税费为400万元。

甲公司持有丁公司30%股权并对其具有重大影响。截至2×23年12月31日，甲公司对丁公司股权投资的账面价值为3 600万元，其中投资成本为2 400万元，损益调整为900万元，其他综合收益为300万元。

本题不考虑税费及其他因素。

要求：

（1）根据资料（1），判断甲公司购入的优先级A类资产支持证券在初始确认时应当如何分类，并说明理由。

（2）根据资料（2），判断甲公司购入的银行理财产品在初始确认时应当如何分类并说明理由。

（3）根据资料（3），判断甲公司保理的应收账款在初始确认时应当如何分类，并说明理由；判断甲公司保理的应收账款能否终止确认，说明理由，并编制与应收账款保理相关的会计分录；说明该保理应收账款在甲公司2×23年12月31日资产负债表中列示的项目名称。

（4）根据资料（4），判断甲公司发行的永续债在初始确认时应当如何分类，说明理由，并编制相关会计分录。

（5）根据资料（5），判断甲公司对拟出售的丁公司股权应当如何分类及计量，编制相关会计分录；说明甲公司保留所持丁公司 10% 股权投资在完成出售 20% 股权前的会计处理原则。

2. 甲股份有限公司（以下简称“甲公司”）2×22 年及 2×23 年发生了以下交易事项：

（1）2×22 年 4 月 1 日，甲公司以定向发行本公司普通股 2 000 万股为对价，自乙公司取得 A 公司 30% 股权，并于当日向 A 公司派出董事，参与 A 公司生产经营决策。当日，甲公司发行股份的市场价格为 5 元/股，另支付中介机构佣金 1 000 万元；A 公司可辨认净资产公允价值为 30 000 万元，除一项固定资产公允价值为 2 000 万元、账面价值为 800 万元外，其他资产、负债的公允价值与账面价值相同。A 公司增值的固定资产原取得成本为 1 600 万元，原预计使用年限为 20 年，自甲公司取得 A 公司股权时起仍可使用 10 年，采用年限平均法计提折旧，预计净残值为零。

A 公司 2×22 年实现净利润 2 400 万元，假定 A 公司有关损益在年度中均衡实现；2×22 年 4 月至 12 月产生其他综合收益 600 万元。

甲公司与乙公司及 A 公司在发生该项交易前不存在关联方关系。

（2）2×23 年 1 月 2 日，甲公司追加购入 A 公司 30% 股权并自当日起控制 A 公司。购买日，甲公司用作合并对价的是本公司一项土地使用权及一项专利技术。土地使用权和专利技术的原价合计为 6 000 万元，已累计摊销 1 000 万元，公允价值合计为 12 600 万元。

购买日，A 公司可辨认净资产公允价值为 36 000 万元；A 公司所有者权益账面价值为 26 000 万元，具体构成为：股本 6 667 万元、资本公积（资本溢价）4 000 万元、其他综合收益 2 400 万元、盈余公积 6 000 万元、未分配利润 6 933 万元。

甲公司原持有 A 公司 30% 股权于购买日的公允价值为 12 600 万元。

（3）2×23 年 6 月 20 日，甲公司将其生产的某产品出售给 A 公司。该产品在甲公司的成本为 800 万元，销售给 A 公司的售价为 1 200 万元（不含增值税市场价格）。

A 公司将取得的该产品作为管理用固定资产，预计可使用 10 年，预计净残值为零，采用年限平均法计提折旧。

截至 2×23 年 12 月 31 日，甲公司应收 A 公司上述货款尚未收到。甲公司对 1 年以内应收账款（含应收关联方款项）按照期末余额的 2% 计提坏账准备。

甲公司应收 A 公司货款于 2×24 年 3 月收到，A 公司从甲公司购入的产品处于正常使用中。

其他资料：本题不考虑所得税等相关税费。

要求：

（1）确定甲公司 2×22 年 4 月 1 日对 A 公司 30% 股权投资成本，说明甲公司对该项投资应采用的核算方法及理由，编制与确认该项投资相关的会计分录。

（2）计算甲公司 2×22 年因持有 A 公司 30% 股权应确认的投资收益，并编制 2×22 年与调整该项股权投资账面价值相关的会计分录。

（3）确定甲公司合并 A 公司的购买日、企业合并成本及应确认的商誉金额，分别计算甲公司个别财务报表、合并财务报表中因持有 A 公司 60% 股权投资应计入损益的金额，确定购买日甲公司个别财务报表中对A公司60%股权投资的账面价值并编制购买日甲公司合并A公司的抵销分录。

（4）编制甲公司2×23年合并财务报表时，与A公司内部交易相关的抵销分录。

（5）编制甲公司2×24年合并财务报表时，与A公司2×23年内部交易相关的抵销分录。

2024年注册会计师全国统一考试
《会计》全真模拟试题（一）参考答案及解析

一、单项选择题

1.【答案】D

【解析】选项A、B，体现谨慎性要求；选项C，体现可比性要求。

2.【答案】B

【解析】A型号库存商品的账面余额2 000万元，可变现净值是2 400万元，不需要计提减值准备，因此在期末报表中列示的金额是2 000万元；B型号库存商品的账面余额是1 000万元，可变现净值为800万元，需要计提减值准备200万元，计提减值后在期末报表中列示的金额是800万元。因此，2×19年12月31日资产负债表列示存货的金额=2 000+800=2 800（万元）。

3.【答案】D

【解析】选项D，为在建工程项目取得的财政专项补贴属于政府补助，应计入递延收益。

4.【答案】D

【解析】选项A，以出售为目的购入的数据资产应确认为存货；选项B，根据《企业会计准则第6号——无形资产》的规定：无形资产是指企业拥有或者控制的没有实物形态的可辨认非货币性资产。商誉属于不可辨认资产，因此不属于无形资产；选项C，研究阶段的支出不符合资本化条件，期末应当转入损益。

5.【答案】C

【解析】上述交易或事项对甲公司2×23年度损益的影响金额=(9 500－9 000)（处置价款与账面价值的差额）+5 500（其他综合收益转入损益的金额）+200/2（半年的租金收入）=6 100（万元）。

6.【答案】D

【解析】甲公司应确认对乙公司股权投资的初始投资成本=4 800×60%+800=3 680（万元）。

7.【答案】D

【解析】2×22年1月1日发行债券时初始确认的权益成分公允价值=(100.5×1 000)－

100 150 = 350（万元），2 × 24 年 1 月 2 日甲公司因该可转换公司债券的转换应确认资本公积（股本溢价）的金额 = 350 + 100 050 − 1 000 × 4 = 96 400（万元）。相关分录为：

发行债券时：

借：银行存款　　　　　　　　　　　　　　　　　（1 000 × 100.5）100 500

　贷：应付债券——可转换公司债券（面值）　　　　　（1 000 × 100）100 000

　　　　　　——可转换公司债券（利息调整）　　　（100 150 − 100 000）150

　　其他权益工具　　　　　　　　　　　　　　　　　　　　　　　350

转换时：

借：应付债券——可转换公司债券（面值）　　　　　　　　100 000

　　　　　——可转换公司债券（利息调整）　　　　　　　　　50

　其他权益工具　　　　　　　　　　　　　　　　　　　　　350

　贷：股本　　　　　　　　　　　　　　　　　　　　　　　4 000

　　资本公积——股本溢价　　　　　　　　　　　　　　　96 400

8.【答案】A

【解析】选项 B、C，计入财务费用；选项 D，计入管理费用等。

9.【答案】C

【解析】甲公司因该股份支付协议在 2 × 23 年应确认的职工薪酬费用 = (50 − 5) × 1 × 15 × 1/3 = 225（万元）。

10.【答案】A

【解析】专门借款资本化金额 = 4 000 × 6% × 6/12 − 1 000 × 0.6% × 3 = 102（万元），一般借款资本化金额 = 1 000 × 7% × 3/12 = 17.5（万元）。故：2 × 23 年甲公司建造该生产线应予以资本化的利息费用 = 102 + 17.5 = 119.5（万元）。

11.【答案】D

【解析】与该企业发生日常往来的资金提供者、公用事业部门、政府部门和机构，以及与该企业发生大量交易而存在经济依存关系的单个客户、供应商、特许商、经销商和代理商之间，不构成关联方关系。

12.【答案】B

【解析】选项 A、C，属于会计估计变更；选项 D，既不属于会计估计变更也不属于会计政策变更。

13.【答案】D

【解析】上述事项属于日后调整事项，调整后报告年度应确认其他应付款 1 210 万元，借方对应营业外支出 1 200 万元和管理费用 10 万元，故对甲公司 2 × 22 年度利润总额的影响金额 = −1 200 − 10 = −1 210（万元）。

二、多项选择题

1.【答案】BC

【解析】选项 A，属于所有者权益内部项目结转，不影响资产；选项 D，属于资产内部项目的增减变动；选项 B、C，会同时增加企业的资产和所有者权益。

2.【答案】ABCD

【解析】存货盘盈应当冲减管理费用，因此，选项A、B不正确；收发计量差错导致的存货盘亏，进项税额不需要转出，盘亏净损失应计入管理费用，即应计入当期管理费用的金额＝5（万元），选项C不正确；因自然灾害导致的存货盘亏，进项税额不需要转出，盘亏净损失应计入营业外支出，即应计入当期营业外支出的金额＝1 200－800－200＝200（万元），选项D不正确。

3.【答案】CD

【解析】固定资产按照账面价值与可收回金额孰低计量，选项A错误；成本模式计量的投资性房地产按照账面价值与可收回金额孰低计量，公允价值模式计量的投资性房地产按照公允价值计量，选项B错误。

4.【答案】ABC

【解析】根据孰高原则，2×22年末资产组的可收回金额＝预计资产组的未来现金流量现值＝4 000（万元），因此2×22年末应计提资产组减值准备＝5 500－4 000＝1 500（万元），选项A正确；2×23年末资产组的可收回金额为5 600万元，大于账面价值，由于资产组内均为非金融长期资产，因此资产组内资产减值一经计提，不得转回，2×23年末资产组的账面价值为3 800万元，选项B正确；2×22年末应计提资产组减值准备1 500万元，应先冲减资产组内商誉的账面价值300万元，应对商誉计提300万元的减值准备，选项C正确；至2×22年末，商誉全额减值，因此以后每年年末该商誉的账面价值为0，选项D不正确。

5.【答案】BC

【解析】选项A，应该在2×23年末确认预计负债；选项D，应披露预计负债404万元。

2×22年12月31日：

借：营业外支出	400	
管理费用	4	
贷：预计负债		404

2×23年2月10日：

借：预计负债	404	
贷：银行存款		404

6.【答案】ABD

【解析】公允价值套期，是指对已确认的资产或负债、尚未确认的确定承诺，或上述项目组成部分的公允价值变动风险敞口进行的套期。极可能发生的预期交易属于现金流量套期。

7.【答案】ACD

【解析】选项A，大股东代为缴纳税款视为资本性投入计入资本公积；选项B，取得与收益相关的政府补助，总额法下应当计入其他收益，净额法下冲减研发支出，不影响所有者权益中资本性项目的金额；选项C，控股股东对管理人员的股份赠予视为资本性投入计入资本公积；选项D，同一控制下企业合并取得乙公司股权初始投资成本与付出对价账面价值之间的差额计入资本公积。

8.【答案】ABCD

【解析】甲公司持有的该股权投资在处置日的账面价值 = 2 200 + (7 500 × 30% − 2 200) + (3 500 − 400 + 650) × 30% = 3 375（万元），处置股权确认投资收益 = 3 800 − 3 375 + 650 × 30% = 620（万元），换入专用设备的入账价值 = 3 800 + 100 = 3 900（万元）；会计处理为：

借：固定资产　3 900
　贷：长期股权投资　3 375
　　投资收益　425
　　银行存款　100
借：其他综合收益　195
　贷：投资收益　195

丙公司针对该项交易的会计处理为：

借：长期股权投资　3 800
　银行存款　100
　贷：主营业务收入　3 900

9.【答案】AB

【解析】选项 C，预付账款属于非货币性项目，不产生汇兑差额；选项 D，取得私募股权基金投资属于接受外币投资，取得投资金额按照交易发生日的即期汇率折算，并计入实收资本，属于非货币性项目，不产生汇兑差额。

10.【答案】ABCD

【解析】企业派发股票股利、公积金转增资本、拆股或者并股等，会增加或减少其发行在外普通股或潜在普通股的数量，为了保持会计指标的前后期可比性，企业应当在相关报批手续全部完成后，按调整后的股数重新计算各列报期间的每股收益，选项 A、C 符合题意；同一控制下企业合并，作为对价发行的普通股股数，应当计入各列报期间普通股的加权平均数，因此需要重述比较期间的每股收益，选项 B 符合题意；按照《企业会计准则第 28 号——会计政策、会计估计及其变更和差错更正》的规定对以前年度损益进行追溯调整或追溯重述的，应当重新计算各列报期间的每股收益，选项 D 符合题意。

11.【答案】ACD

【解析】公允价值计量结果所属层次，取决于估值技术的输入值，而不是估值技术本身，选项 A 正确；公允价值计量结果所属的层次，由对公允价值计量整体而言重要的输入值所属的最低层次决定，选项 B 错误；企业应当根据相关资产或负债的特征，对第二层次输入值进行调整，选项 C 正确；如果是未经调整的数据属于第一层次输入值，如果是经过调整的数据属于第二层次或第三层次输入值，选项 D 正确。

12.【答案】ABD

【解析】选项 A，一般情况，对于无条件的捐赠，民间非营利组织应当在捐赠收到时确认收入；对于附条件的捐赠，应当在取得捐赠资产控制权时确认收入。选项 B，如果捐赠方没有提供有关凭据，受赠的非现金资产按公允价值入账。选项 D，接受劳务捐赠不予确认。

三、计算分析题

1.【答案】

(1) 甲公司收到 1 600 万元补助款时，不应确认为当期损益或递延收益。理由：在实际收到相关政府补助时，甲公司不确定考核期内能否达到政府规定的考核标准，不符合政府补助的确认条件，因此甲公司应先将收到的款项确认为其他应付款。

相关会计分录为：

借：银行存款　　1 600

　　贷：其他应付款　　1 600

（2）该企业所取得的该项政府补助属于综合性项目的政府补助，其中1 200万元属于与资产相关的政府补助，400万元属于与收益相关的政府补助。

2×21年6月30日，甲公司预计能够达到政府规定的考核期考核标准时，甲公司应编制如下分录：

借：其他应付款　　1 600

　　贷：递延收益　　1 600

2×21年末：

借：递延收益　　（1 200/50×6/12）12

　　贷：其他收益　　12

借：递延收益　　400

　　贷：其他收益　　400

（3）编制甲公司2×23年度个别财务报表中与政府补助、处置研发大厦相关的会计分录：

借：递延收益　　（1 200/50×6/12）12

　　贷：其他收益　　12

借：固定资产清理　　7 680

　　累计折旧　　（8 000/50×2）320

　　贷：固定资产　　8 000

借：递延收益　　（1 200－1 200/50×2）1 152

　　贷：固定资产清理　　1 152

借：银行存款　　7 800

　　贷：固定资产清理　　（7 680－1 152）6 528

　　　　资产处置损益　　1 272

甲公司2×23年6月30日合并财务报表相关的抵销或调整分录：

借：资产处置收益　　1 272

　　贷：固定资产　　120

　　　　递延收益　　1 152

2.【答案】

（1）甲公司对事项（1）的会计处理不正确。

理由：2×23年12月31日之前研发支出资本化条件尚未满足，在满足资本化调整后对于未满足资本化条件是已费用化的研发支出不应该进行调整。

调整分录：

借：管理费用　　100

　　以前年度损益调整　　500

　　贷：研发支出　　600

（2）甲公司对事项（2）的会计处理不正确。

理由：甲公司将上年处理作为会计差错予以更正是正确的，但关于融资费用的处理不正确，不应将融资费用全部计入2×23年度，该融资费用应在2×22年度与2×23年度之间进行分摊。

调整分录：

借：以前年度损益调整　　50

　　贷：财务费用　　50

（3）甲公司对事项（3）的会计处理不正确。

理由：上年度对诉讼事项的预计负债是基于编制上年度财务报表时的情形作出的最佳估计，在没有明确证据表明上年度会计处理构成会计差错的情况下，有关差额应计入当期损益。

调整分录：

借：营业外支出　　50

　　贷：以前年度损益调整　　50

（4）甲公司对事项（4）的会计处理不正确。

理由：折旧年限变更属于会计估计变更，不应追溯调整。

估计变更后，剩余年限中每年折旧金额为：

（1 200 - 1 200×3/12）÷6 = 150（万元），即每半年折旧额75万元。

调整分录：

借：累计折旧　　91.66

　　贷：管理费用　　8.33

　　　　以前年度损益调整　　83.33

【提示】2×23年当年应确认的折旧金额 = 1 200/12×1/2 +（1 200 - 1 200/12×3）/6×1/2 = 125（万元），因此应调减错误的处理中确认的管理费用 = 133.33 - 125 = 8.33（万元）。

四、综合题

1.【答案】

（1）甲公司应将购入的优先级A类资产支持证券在初始确认时将其分类为以公允价值计量且其变动计入当期损益的金融资产。

理由：甲公司购入的优先级A类资产支持证券所属的基础资产不满足合同现金流量特征的条件。

（2）甲公司购入的银行理财产品在初始确认时应将其分类为以公允价值计量且其变动计入当期损益的金融资产。

理由：由于甲公司购买的理财产品合同规定所作的三类投资项目，不全部是仅为对本金和以未偿付本金金额为基础的利息支付，不满足合同现金流量特征的条件。

（3）甲公司保理的应收账款应在初始确认时分类为以摊余成本计量的金融资产。

理由：甲公司保理的应收账款不符合终止确认条件，不属于业务模式中的出售，因此甲公司管理该金融资产的目标依然是收取合同现金流量。

甲公司应收账款不符合终止确认的条件，不应终止确认。

理由：按照保理协议的约定，如果应收账款到期债务人不能按期支付款项，甲公司具有偿付的义务；该保理的应收账款的风险和报酬尚未转移，不应终止确认相应的应收账款

借：银行存款 4 800

　　贷：短期借款 4 800

借：财务费用 50

　　贷：短期借款 50

甲公司 2×23 年 12 月 31 日资产负债表中列示的项目名称为：应收账款。

(4) 甲公司发行的永续债应当分类为权益工具。

理由：甲公司能够无条件避免交付现金或其他金融资产的合同义务。

借：银行存款 3 000

　　贷：其他权益工具 3 000

(5) 甲公司对拟出售的丁公司股权部分应当分类为持有待售资产。甲公司对拟出售的丁公司股权部分应当按照公允价值减出售费用后的净额 3 100 万元，与其账面价值 2 400 万元孰低计量。

借：持有待售资产——长期股权投资 2 400

　　贷：长期股权投资——投资成本 1 600

　　　　——损益调整 600

　　　　——其他综合收益 200

甲公司保留所持丁公司 10% 股权投资在完成出售部分股权前仍按权益法进行会计核算。

2. 【答案】

(1) 甲公司对 A 公司投资成本为 10 000 万元。

该项投资应采用权益法核算，理由是甲公司向 A 公司董事会派出成员，参与其生产经营决策，能够施加重大影响。

借：长期股权投资 10 000

　　贷：股本 2 000

　　　　资本公积 8 000

借：资本公积 1 000

　　贷：银行存款 1 000

(2) 甲公司因持有 A 公司投资应确认的投资收益 =［2 400 -（200 -80）］×9 ÷12 ×30% = 513（万元）。

借：长期股权投资 693

　　贷：投资收益 513

　　　　其他综合收益 180

(3) 购买日为 2×23 年 1 月 2 日。

企业合并成本 =12 600 +12 600 =25 200（万元）

商誉 =25 200 -36 000 ×60% =3 600（万元）

个别报表中应确认的损益为 7 600 万元。

借：长期股权投资　　12 600
　　累计摊销　　1 000
　　贷：无形资产　　6 000
　　　　资产处置损益　　7 600

合并报表中应确认计入损益 = 7 600 + 12 600 − 10 693 + 180 = 9 687（万元）

甲公司在个别财务报表中长期股权投资的账面价值 = 10 693 + 12 600 = 23 293（万元）

购买日合并抵销分录：

借：股本　　6 667
　　资本公积　　14 000
　　其他综合收益　　2 400
　　盈余公积　　6 000
　　未分配利润　　6 933
　　商誉　　3 600
　　贷：长期股权投资　　25 200
　　　　少数股东权益　　14 400

（4）编制甲公司 2 ×23 年合并财务报表时，与 A 公司内部交易相关的抵销分录如下：

借：营业收入　　1 200
　　贷：营业成本　　800
　　　　固定资产　　400
借：固定资产（累计折旧）　　20
　　贷：管理费用　　20
借：应付账款　　1 200
　　贷：应收账款　　1 200
借：应收账款（坏账准备）　　24
　　贷：信用减值损失　　24

（5）编制甲公司 2 ×24 年合并财务报表时，与 A 公司内部交易相关的抵销分录如下：

借：年初未分配利润　　400
　　贷：固定资产　　400
借：固定资产（累计折旧）　　20
　　贷：年初未分配利润　　20
借：固定资产（累计折旧）　　40
　　贷：管理费用　　40
借：信用减值损失　　24
　　贷：年初未分配利润　　24

2024年注册会计师全国统一考试《会计》全真模拟试题（二）

一、单项选择题（共13个小题，每个小题2分，共26分）

1. 下列各项关于企业应遵循的会计信息质量要求的表述中，正确的是（　　）。

A. 企业应当以实际发生的交易或事项为依据进行确认、计量和报告

B. 企业对不重要的会计差错无需进行差错更正

C. 企业对不同会计期间发生的相同交易或事项可以采用不同的会计政策

D. 企业在资产负债表日对尚未获得全部信息的交易或事项不应进行会计处理

2. 2×21年11月20日，甲公司与乙公司签订不可撤销的销售合同，拟于2×22年4月9日以40万元的价格向乙公司销售W产品一件。该产品主要由甲公司库存自制半成品S加工而成，每件半成品S可加工成W产品一件。2×21年12月31日，甲公司库存1件自制半成品S，成本为37万元，预计加工成W产品尚需发生加工费用10万元。当日，自制半成品S的市场销售价格为每件33万元，W产品的市场销售价格为每件36万元。不考虑其他因素，2×21年12月31日甲公司应就库存自制半成品S计提的存货跌价准备为（　　）。

A. 1万元　　B. 4万元　　C. 7万元　　D. 11万元

3. 甲公司为增值税一般纳税人，适用的增值税税率为13%。2×23年7月1日，甲公司对某项生产用机器设备进行更新改造。当日，该设备原价为500万元，累计折旧200万元，已计提减值准备50万元。更新改造过程中发生劳务费用100万元；领用本公司生产的产品一批，成本为80万元，市场价格（不含增值税额）为100万元。经更新改造的机器设备于2×23年9月10日达到预定可使用状态。假定上述更新改造支出符合资本化条件，更新改造后该机器设备的入账价值为（　　）。

A. 430万元　　B. 463万元　　C. 680万元　　D. 713万元

4. 下列各项有关投资性房地产会计处理的表述中，正确的是（　　）。

A. 以成本模式后续计量的投资性房地产转换为存货，存货应按转换日的公允价值计量，公允价值大于原账面价值的差额确认为其他综合收益

B. 以成本模式后续计量的投资性房地产转换为自用固定资产，自用固定资产应按转换日的公允价值计量，公允价值小于原账面价值的差额确认为当期损益

C. 以存货转换为以公允价值模式后续计量的投资性房地产，投资性房地产应按转换日

的公允价值计量，公允价值小于存货账面价值的差额确认为当期损益

D. 以公允价值模式后续计量的投资性房地产转换为自用固定资产，自用固定资产应按转换日的公允价值计量，公允价值大于账面价值的差额确认为其他综合收益

5. 2×24 年 2 月 1 日，甲公司以增发 1 000 万股本公司普通股股票和一台大型设备为对价，取得乙公司 25% 股权。其中，所发行普通股面值为每股 1 元，公允价值为每股 10 元。为增发股份，甲公司向证券承销机构等支付佣金和手续费 400 万元。用作对价的设备账面价值为 1 000 万元，公允价值为 1 200 万元。当日，乙公司可辨认净资产公允价值为 40 000 万元。假定甲公司能够对乙公司施加重大影响。不考虑其他因素，甲公司该项长期股权投资的初始投资成本是（　　）。

A. 10 000 万元　　B. 11 000 万元
C. 11 200 万元　　D. 11 600 万元

6. 甲公司发生的下列交易或事项中，相关会计处理将影响发生当年净利润的是（　　）。

A. 因重新计算设定受益计划净负债产生的保险精算收益
B. 因联营企业其他投资方单方增资导致应享有联营企业净资产份额的变动
C. 根据确定的利润分享计划，基于当年度实现利润计算确定应支付给管理人员的利润分享款
D. 将自用房屋转为采用公允价值进行后续计量的投资性房地产时，公允价值大于账面价值的差额

7. 下列各项中，应当作为以现金结算的股份支付进行会计处理的是（　　）。

A. 以低于市价的价格向员工出售限制性股票的计划
B. 授予高管人员低于市价购买公司股票的期权计划
C. 公司承诺达到业绩条件时向员工无对价定向发行股票的计划
D. 授予研发人员以预期股价相对于基准日股价的上涨幅度为基础支付奖励款的计划

8. 下列各项中，不属于借款费用的是（　　）。

A. 外币借款发生的汇兑收益
B. 承租人因分期支付租金发生的融资费用
C. 发行股票支付的承销商佣金及手续费
D. 分期付款购买固定资产具有融资性质、未确认融资费用的摊销额

9. 2×23 年 7 月，甲公司因生产产品使用的非专利技术涉嫌侵权，被乙公司起诉。2×23 年 12 月 31 日，案件仍在审理过程中。律师认为甲公司很可能败诉。预计赔偿金额在 200 万至 300 万之间，且该区间内每个金额发生的可能性均相同。如果败诉，甲公司需要支付诉讼费 20 万元。甲公司认为，其对非专利技术及其生产的产品已经购买了保险，如果败诉，保险公司按照保险合同的约定很可能对其进行赔偿。预计赔偿金额为 150 万元。不考虑其他因素，甲公司在其 2×23 年度财务报表中对上述诉讼事项应当确认的负债金额是（　　）。

A. 200 万元　　B. 250 万元　　C. 150 万元　　D. 270 万元

10. 甲公司为增值税一般纳税人，适用的增值税税率为 13%。2×23 年 8 月 10 日，甲公司就其所欠乙公司购货款 600 万元与乙公司进行债务重组。根据协议，甲公司以其产品抵偿全部债务。当日，甲公司抵债产品的账面价值为 400 万元，已计提存货跌价准备 50 万元，

市场价格（不含增值税额）为500万元，产品已发出并开具增值税专用发票。甲公司应确认的债务重组收益为（　　）。

A. 35万元　　B. 100万元　　C. 135万元　　D. 200万元

11. 在不考虑其他因素的情况下，下列各方中，不构成甲公司关联方的是（　　）。

A. 甲公司母公司的财务总监

B. 甲公司总经理的儿子控制的乙公司

C. 与甲公司共同投资设立合营企业的合营方丙公司

D. 甲通过控股子公司间接拥有30%股权并能施加重大影响的丁公司

12. 下列各项中，属于会计政策变更的是（　　）。

A. 将一项固定资产的净残值由15万元变更为5万元

B. 将产品保修费用的计提比例由销售收入的2%变更为1%

C. 将发出存货的计价方法由月末一次加权平均法变更为个别计价法

D. 将一台生产设备的折旧方法由年限平均法变更为双倍余额递减法

13. 甲公司2×23年财务报表于2×24年4月10日对外报出。假定其2×24年发生的下列有关事项均具有重要性，甲公司应当据以调整2×23年财务报表的是（　　）。

A. 3月2日，甲公司上年出售的商品由于出现市场行情的重大变化导致重新估计的退货率与原估计数不一致

B. 4月15日，发现2×23年一项重要交易的会计处理未充分考虑当时情况，导致虚增2×23年利润

C. 3月12日，某项于2×23年资产负债表日已存在的未决诉讼结案，由于新的司法解释出台，甲公司实际支付赔偿金额大于原已确认预计负债

D. 4月9日，因某客户所在地发生自然灾害造成重大损失，导致甲公司2×23年资产负债表日应收该客户货款按新的情况预计的坏账高于原预计金额

二、多项选择题（共12个小题，每个小题2分，共24分）

1. 2×23年，甲公司发生的有关交易或事项如下：(1) 甲公司持有乙公司80%的股权，其与丙公司签订合同，拟全部出售对乙公司的股权投资，截至2×23年末已办理完成股权过户登记手续，出售股权所得价款已收存银行；(2) 甲公司发现应于2×22年确认为当年费用的某项支出未计入2×22年利润表，该费用占2×22年实现净利润的0.3%；(3) 自甲公司设立以来，其对销售的商品一贯提供3年内的产品质量保证，但在与客户签订的合同或法律法规中并没有相应的条款；(4) 因甲公司对丁公司提供的一批商品存在质量问题，丁公司向法院提起诉讼，向甲公司索赔600万元，截至2×23年12月31日法院仍未作出最终判决。不考虑其他因素，下列各项关于上述交易或事项会计处理的表述中，正确的有（　　）。

A. 乙公司虽被甲公司出售，但乙公司的财务报表仍应按持续经营假设对会计要素进行确认、计量和报告

B. 甲公司未经法院最终判决的诉讼事项因资产负债表日未获得全部信息而不需要进行会计处理，符合及时性要求

C. 甲公司销售商品提供3年内的产品质量保证属于一项推定义务

D. 甲公司未在2×22年确认的费用因其不重要而不需要调整2×22年度的财务报表

2. 下列资产中，不需要计提折旧的有（　　）。

A. 已划分为持有待售的固定资产

B. 以公允价值模式进行后续计量的已出租厂房

C. 因产品市场不景气尚未投入使用的外购机器设备

D. 已经完工投入使用但尚未办理竣工决算的自建厂房

3. 下列各项关于无形资产会计处理的表述中，不正确的有（　　）。

A. 自行研究开发的无形资产在尚未达到预定用途前无须考虑减值

B. 非同一控制下企业合并中，购买方应确认被购买方在该项交易前未确认但可单独辨认且公允价值能够可靠计量的无形资产

C. 使用寿命不确定的无形资产在持有过程中不应该摊销也不考虑减值

D. 同一控制下企业合并中，合并方应确认被合并方在该项交易前未确认的无形资产

4. 下列关于商誉的会计处理中，正确的有（　　）。

A. 商誉应当结合与其相关的资产组或资产组组合进行减值测试

B. 商誉在资产负债表日不存在减值迹象的，无须对其进行减值测试

C. 有关商誉的资产组或资产组组合存在减值迹象的，应当首先对不包含商誉的资产组或资产组组合进行减值测试

D. 与商誉有关的资产组或资产组组合的减值损失应首先抵减分摊至资产组或资产组组合中商誉的账面价值

5. 下列各项关于增值税会计处理的表述中，正确的有（　　）。

A. 一般纳税人购进货物用于免征增值税项目，其进项税额计入相关成本费用

B. 小规模纳税人将自产的产品分配给股东，视同销售货物计算交纳的增值税计入销售成本

C. 一般纳税人月终计算出当月应交或未交的增值税，在“应交税费——未交增值税”科目核算

D. 一般纳税人核算使用简易计税方法计算交纳的增值税在“应交税费——简易计税”明细科目核算

6. 2×23 年 1 月 3 日，甲公司经批准按面值发行优先股，发行的票面价值总额为 4 000 万元，优先股发行方案规定，该优先股为无期限、浮动利率、非累积、非参与。自发行之日起 5 年期满时，投资者有权要求甲公司按票面价值和基准利率计算的本息合计赎回，优先股的利率确定为：第 1 个 5 年按照发行时基准利率确定，每 5 年调整一次利率，调整的利率为前一次利率的基础上增加 200 个 BP，利率不设上限，优先股股利由董事会批准后按年支付，但如果分配普通股股利，则必须先支付优先股股利，不考虑其他因素，下列关于甲公司发行优先股可以选择的会计处理有（　　）。

A. 确认为所有者权益

B. 指定为以公允价值计量且其变动计入当期损益的金融负债

C. 确认为以摊余成本计量的金融负债

D. 按发行优先股的公允价值确认金融负债，发行价格总额减去金融负债公允价值的差额确认为所有者权益

7. 甲公司 2×23 年度因相关交易或事项产生以下其他综合收益：（1）以公允价值计量

且其变动计入其他综合收益的债务工具投资因公允价值变动形成其他综合收益 3 200 万元；（2）按照应享有联营企业重新计量设定受益计划净负债变动的份额相应确认其他综合收益 500 万元；（3）对子公司的外币财务报表进行折算产生其他综合收益 1 400 万元；（4）指定为以公允价值计量且其变动计入当期损益的金融负债因企业自身信用风险的变动形成其他综合收益 360 万元。不考虑其他因素，上述其他综合收益在相关资产处置或负债终止确认时不应重分类计入当期损益的有（　　）。

A. 对子公司的外币财务报表进行折算产生的其他综合收益

B. 按照应享有联营企业重新计量设定受益计划净负债变动的份额相应确认的其他综合收益

C. 以公允价值计量且其变动计入其他综合收益的债务工具投资因公允价值变动形成的其他综合收益

D. 指定为以公允价值计量且其变动计入当期损益的金融负债因企业自身信用风险的变动形成的其他综合收益

8. 按企业会计准则规定，下列各项中，属于非货币性资产交换的有（　　）。

A. 以应收账款换取土地使用权

B. 以专利技术换取拥有控制权的股权投资

C. 以其他权益工具投资换取未到期应收票据

D. 以作为交易性金融资产的股票投资换取机器设备

9. 甲公司为我国境内企业，日常核算以人民币作为记账本位币。甲公司在英国和加拿大分别设有子公司，负责当地市场的运营，子公司的记账本位币分别为英镑和加元。甲公司在编制合并财务报表时，下列各项关于境外财务报表折算所采用汇率的表述中，正确的有（　　）。

A. 英国公司的固定资产采用购入时的历史汇率折算为人民币

B. 英国公司持有的指定为以公允价值计量且其变动计入其他综合收益的非交易性权益工具投资采用期末汇率折算为人民币

C. 加拿大公司的未分配利润采用报告期平均汇率折算为人民币

D. 加拿大公司的加元收入和成本采用报告期平均汇率折算为人民币

10. 甲公司 2×23 年除发行在外普通股外，还发生以下可能影响发行在外普通股数量的交易或事项：（1）4 月 1 日，授予高管人员以低于当期普通股平均市价在未来期间购入甲公司普通股的股票期权；（2）7 月 10 日，以资本公积转增股本，每 10 股转增 3 股；（3）8 月 20 日，定向增发 3 000 万股普通股用于购买一项股权；（4）10 月 30 日，发行优先股 8 000 万股，按照优先股发行合同约定，该优先股在发行后 2 年，甲公司有权选择将其转换为本公司普通股。不考虑其他因素，甲公司在计算 2×23 年基本每股收益时，应当计入基本每股收益计算的股份有（　　）。

A. 为取得股权定向增发增加的发行在外股份数

B. 因资本公积转增股本增加的发行在外股份数

C. 因优先股于未来期间转股可能增加的股份数

D. 授予高管人员股票期权可能于行权条件达到时发行的股份数

11. 企业在按照会计准则规定采用公允价值计量相关资产或负债时，下列各项有关确定公允价值的表述中，不正确的有（　　）。

A. 在确定资产的公允价值时，可同时获取出价和要价的，应使用要价作为资产的公允价值

B. 使用估值技术确定公允价值时，应当使用市场上可观察输入值，在无法取得或取得可观察输入值不切实可行时才能使用不可观察输入值

C. 在根据选定市场的交易价格确定相关资产或负债的公允价值时，应当根据交易费用对有关价格进行调整

D. 以公允价值计量资产或负债，应当首先假定出售资产或转移负债的有序交易在该资产或负债的最有利市场进行

12. 民间非营利组织按照是否存在限定将收入区分为限定性收入和非限定性收入，在判断收入是否存在限定时，应当考虑的因素有（　　）。

A. 时间　　B. 用途　　C. 来源　　D. 金额

三、计算分析题（共2个小题，每个小题9分，共18分）

1. 甲公司2×23年发生的部分交易事项如下：

（1）2×23年4月1日，甲公司对9名高管人员每人授予20万份甲公司股票认股权证，每份认股权证持有人有权在2×24年2月1日按每股10元的价格购买1股甲公司股票。该认股权证不附加其他行权条件，无论行权日相关人员是否在职均不影响其享有的权利，行权前的转让也不受限制。授予日，甲公司股票每股市价10.5元，每份认股权证的公允价值为2元。

甲公司股票2×23年平均市价为10.8元，自2×23年4月1日至12月31日期间平均市价为12元。

（2）2×23年7月1日，甲公司发行5年期可转换债券100万份，每份面值100元，票面年利率5%，利息在每年6月30日支付（第一次支付在2×24年6月30日）。可转换债券持有人有权在期满时按每份债券的面值换5股股票的比例将债券转换为甲公司普通股股票。在可转换债券发行日，甲公司如果发行同样期限的不附转换权的公司债券，则需要支付年利率为8%的市场利率。

（3）2×23年9月10日，甲公司以每股6元自公开市场购入100万股乙公司股票，另支付手续费8万元，取得时乙公司已宣告按照每股0.1元发放上年度现金股利。甲公司将取得的乙公司股票指定为以公允价值计量且其变动计入其他综合收益的金融资产。上述手续费以银行存款支付，有关现金股利于9月15日收到。

2×23年12月31日，乙公司股票的收盘价为每股7.5元。

（4）甲公司2×22年全年发行在外的普通股均为1 000万股，不存在具稀释性潜在普通股。2×23年1月31日，甲公司临时股东大会批准以未分配利润转增股本1 000万股，之后发行在外普通股数量均为2 000万股。

甲公司2×23年归属于普通股股东的净利润为5 000万元，2×22年归属于普通股股东的净利润为4 000万元。

其他资料：

(P/A,5%,5) = 4.3295；(P/A,8%,5) = 3.9927；

（P/F,5%,5）=0.7835；（P/F,8%,5）=0.6806。

不考虑所得税等相关税费及其他因素的影响。

要求：

（1）根据资料（1），说明甲公司 2×23 年应进行的会计处理，计算 2×23 年应确认的费用金额并编制相关会计分录。

（2）根据资料（2），说明甲公司对可转换公司债券应进行的会计处理，编制甲公司 2×23 年与可转换公司债券相关的会计分录，计算 2×23 年 12 月 31 日与可转换公司债券相关负债的账面价值。

（3）根据资料（3），编制甲公司 2×23 年与乙公司股票投资相关的会计分录。

（4）根据资料（1）至（4），确定甲公司 2×23 年在计算稀释每股收益时应考虑的具稀释性潜在普通股并说明理由；计算甲公司 2×23 年度财务报表中应该列报的本年度和上年度基本每股收益、稀释每股收益。

2. 甲公司没有子公司，不编合并报表。甲公司相关年度发生与投资有关的交易或事项如下：

（1）2×22 年 1 月 1 日，甲公司通过发行普通股 2 500 万股（1 元/股）取得乙公司 30% 股权，能对乙公司产生重大影响。甲公司发行股票的公允价值为 6 元/股，甲公司取得投资时，乙公司可辨认净资产的账面价值为 50 000 万元，公允价值为 55 000 万元，除 A 办公楼外，乙公司其他资产负债的账面价值均等于公允价值。A 办公楼的账面余额为 30 000 万元，累计计提折旧 15 000 万元，公允价值为 20 000 万元。乙公司对该办公楼预计总使用年限为 40 年，已用 20 年，自甲公司取得乙公司股权投资日起确定尚可使用 20 年，预计净残值为 0。

（2）2×22 年 6 月 3 日，甲公司以 300 万元的价值自乙公司购入产品一批，该批产品成本为 250 万元，截至 20×7 年底，乙公司已将该产品销售 50%，其余 50% 产品尚未销售形成存货。

2×22 年度，乙公司实现净利润 3 600 万元，因分类为以公允价值计量且其变动计入其他综合收益的金融资产公允价值变动确认其他综合收益 100 万元。

（3）2×23 年 1 月 1 日，甲公司以 12 000 万元的价格将所持乙公司 15% 股权对外出售，股权出售后，甲公司对乙公司不再具有重大影响，将所持乙公司剩余 15% 股权指定为以公允价值计量且其变动计入其他综合收益的金融资产，公允价值为 12 000 万元。

（4）2×23 年 12 月 31 日，甲公司所持乙公司 15% 股权公允价值为 14 000 万元。

（5）2×24 年 1 月 1 日，甲公司将所持乙公司 15% 股权对外出售，取得价款 14 000 万元。

其他资料：第一，甲公司按净利润的 10% 提取盈余公积；第二，不考虑相关税费及其他因素。

要求：

（1）根据资料（1），计算甲公司所持乙公司长期股权投资的初始投资成本，并编制相关会计分录。

（2）根据资料（1）和（2），计算甲公司所持乙公司股权投资 2×22 年应确认的投资收益，并编制相关会计分录。

（3）根据资料（3），计算甲公司出售所持乙公司15%股权产生的损益，并编制相关会计分录。

（4）根据资料（4）和（5），编制甲公司持有并出售乙公司剩余15%股权的会计分录。

四、综合题（共2个小题，每个小题16分，共32分）

1. 甲公司为境内上市公司且为增值税一般纳税人，销售货物适用的增值税率为13%。2×22年度及2×23年度，甲公司发生的有关交易或事项如下：

本题所涉及的协议或合同均符合企业会计准则关于合同的定义并经各方管理层批准，因向客户转让商品或提供服务而有权取得的对价很可能收回，涉及的销售价格或合同价格均不含增值税。除上述所给资料外，不考虑货币时间价值，不考虑除增值税以外的税费及其他因素。

（1）2×22年1月1日，甲公司与乙公司签订合同约定：甲公司按照乙公司设计的图纸为乙公司建造厂房，合同价格为8 000万元，建造期限为2年；厂房建造过程中，乙公司有权修改厂房设计图纸，并与甲公司重新协商设计变更后的合同价格；如果乙公司终止合同，已完成建造的厂房部分归乙公司所有，乙公司应支付已完成合同所发生的成本及合理的毛利；如果合同一方违约，违约的一方按合同价格的25%向另一方支付违约金；乙公司于合同签订日支付合同价格的20%，其余分4次平均支付，每半年支付1次，但最后1次付款于厂房建造完成并办理了竣工决算手续后支付。

2×22年2月1日起，甲公司开始履行合同义务。2×23年12月31日，厂房完成建造并办理了竣工决算手续。

（2）2×22年6月20日，甲公司与丙公司签订合同约定：甲公司向丙公司销售A、B两种商品，A商品于合同签订后的3个月内交付，B商品于A商品交付后6个月内交付；丙公司于A、B商品全部交付并经验收合格后的2个月内支付的合同价格为5 000万元的全部款项。甲公司分别于2×22年9月10日和2×23年2月20日向丙公司交付了A商品和B商品，商品控制权也随之转移给丙公司。甲公司交付商品给丙公司的同时，开具了增值税专用发票。丙公司于2×23年4月10日支付了全部合同价款及相关的增值税。

甲公司A商品单独的销售价格为2 240万元；B商品单独的销售价格为3 360万元。

（3）2×23年3月30日，甲公司销售给丁公司一台C设备。根据销售协议的约定，甲公司于2×23年10月10日前交付C设备，合同价格为15 000万元，甲公司提供该设备的质量保证，即在1年之内，如果该设备发生质量问题，甲公司负责免费维修，但如果因丁公司员工操作不当等非设备本身质量原因导致的故障，甲公司不提供免费维修服务；另外，甲公司为C设备保质期后未来5年提供维修和保养服务，合同价格为600万元。

甲公司销售C设备单独的销售价格为15 000万元；单独对外提供设备维修服务的销售价格为每年每台100万元，单独对外提供设备保养服务的销售价格为每年每台20万元。

（4）2×23年7月1日，甲公司开始推行一项奖励积分计划。根据该计划，甲公司每销售1台合同价格为10 000万元的D设备，客户可获得625万个积分，每个积分从购买D设备的次年起3年内可在该客户再次购买D设备时抵减5元。2×23年7月1日至12月31日期间，甲公司共计销售D设备10台，合同价格总额100 000万元及增值税总额13 000万元（假定税法规定按照全部合同价格计算的增值税销项税额）已收存银行；销售D设备产生的积分为 6 250 万个。该积分是甲公司向客户提供的一项重大权利，甲公司预计销售 D 设备积分的兑换率为 80%。

甲公司负责提供销售 D 设备的质量保证服务，如果 D 设备在 1 年内出现质量问题，甲公司负责免费维修，但如果因客户员工操作不当等非设备本身质量原因导致的故障，甲公司不负责提供免费维修服务。

根据以往经验，甲公司销售的 D 设备 1 年质保期内 70% 不会发生质量问题；20% 可能发生较小质量问题；10% 发生较大质量问题。甲公司预计销售的 D 设备发生较小质量问题的维修费用为销售合同价格总额的 1%；发生较大质量问题的维修费用为销售合同价格总额的 2%。

要求：

（1）根据资料（1），说明甲公司为乙公司建造厂房应采用何种方法确认收入，并陈述理由。

（2）根据资料（2），说明甲公司于合同开始日将交易价格分摊至各单项履约义务的原则和方法，计算各单项履约义务应分摊的合同价格，并编制与 2×22 年销售商品相关的会计分录。

（3）根据资料（3），说明甲公司销售 C 设备合同附有的单项履约义务，并陈述理由；计算每一单项履约义务应分摊的合同价格；分别说明甲公司销售 C 设备在保质期内提供的维修服务和保质期以后所提供维修服务和保养服务应当如何进行会计处理。

（4）根据资料（4），说明甲公司销售 D 设备合同附有的单项履约义务；计算每一单项履约义务应分摊的合同价格；计算甲公司因销售 D 设备应确认的质量保证费用；编制甲公司与销售 D 设备及相应的质量保证服务相关的会计分录。

2. 甲上市公司（以下简称“甲公司”）2×21 年至 2×23 年发生的有关交易或事项如下：

其他有关资料：甲、乙公司均为增值税一般纳税人，适用的增值税税率均为 13%，本题不考虑除增值税外其他相关税费；售价均不含增值税；本题中有关公司均按净利润的 10% 提取法定盈余公积，不提取任意盈余公积。

（1）2×21 年 8 月 30 日，甲公司公告购买丁公司持有的乙公司 60% 股权。购买合同约定，以 2×21 年 7 月 31 日经评估确定的乙公司净资产价值 52 000 万元为基础，甲公司以每股 6 元的价格定向发行 6 000 万股本公司股票作为对价，收购乙公司 60% 股权。

12 月 26 日，该交易取得证券监管部门核准；12 月 30 日，双方完成资产交接手续；12 月 31 日，甲公司向乙公司董事会派出 7 名成员，能够控制乙公司的财务和经营决策；该项交易后续不存在实质性障碍。

12 月 31 日，乙公司可辨认净资产以 7 月 31 日评估值为基础进行调整后的公允价值为 54 000 万元（有关可辨认资产、负债的公允价值与账面价值相同）。当日，乙公司股本为 10 000 万元，资本公积为 20 000 万元，盈余公积为 9 400 万元、未分配利润为 14 600 万元；甲公司股票收盘价为每股 6.3 元。

2×22 年 1 月 5 日，甲公司办理完毕相关股份登记，当日甲公司股票收盘价为每股 6.7 元，乙公司可辨认净资产公允价值为 54 000 万元；1 月 7 日，完成该交易相关验资程序，当日甲公司股票收盘价为每股 6.8 元，期间乙公司可辨认净资产公允价值未发生变化。

该项交易中，甲公司为取得有关股权以银行存款支付评估费 100 万元、法律费 300 万元，为发行股票支付券商佣金 2 000 万元。

甲、乙公司在该项交易前不存在关联关系。

(2) 2×22 年 3 月 31 日，甲公司支付 2 600 万元取得丙公司 30% 股权并能对丙公司施加重大影响。当日，丙公司可辨认净资产的账面价值为 8 160 万元，可辨认净资产公允价值为 9 000 万元，其中，有一项无形资产公允价值为 840 万元，账面价值为 480 万元，该无形资产预计仍可使用 5 年，预计净残值为零，采用直线法摊销；一项固定资产公允价值为 1 200 万元，账面价值为 720 万元，预计仍可使用 6 年，预计净残值为零，采用年限平均法计提折旧。

假定上述固定资产或无形资产均自甲公司取得丙公司 30% 股权后的下月开始计提折旧或摊销。

丙公司 2×22 年实现净利润 2 400 万元，其他综合收益减少 120 万元，假定有关利润和其他综合收益在年度中均匀实现。

(3) 2×22 年 6 月 20 日，甲公司将本公司生产的 A 产品出售给乙公司，售价为 300 万元，成本为 216 万元。乙公司将取得的 A 产品作为管理用固定资产，取得时即投入使用，预计使用 5 年，预计净残值为零，采用年限平均法计提折旧。至 2×22 年底，甲公司尚未收到乙公司购买 A 产品价款。甲公司对账龄在 1 年以内的应收账款（含应收关联方款项）按照账面余额的 5% 计提坏账准备。

(4) 乙公司 2×22 年实现净利润 6 000 万元，其他综合收益增加 400 万元。乙公司 2×22 年 12 月 31 日股本为 10 000 万元，资本公积为 20 000 万元，其他综合收益为 400 万元，盈余公积为 10 000 万元，未分配利润为 20 000 万元。

(5) 甲公司 2×22 年向乙公司销售 A 产品形成的应收账款于 2×23 年结清。

要求：

(1) 确定甲公司合并乙公司的购买日，并说明理由；计算该项合并中应确认的商誉，并编制相关会计分录。

(2) 确定甲公司对丙公司投资应采用的核算方法，并说明理由；编制甲公司确认对丙公司长期股权投资的会计分录；计算甲公司 2×22 年持有丙公司股权应确认的投资收益，并编制甲公司个别财务报表中对该项股权投资账面价值调整相关的会计分录。

(3) 编制甲公司 2×22 年 12 月 31 日合并乙公司财务报表相关的调整和抵销分录。

(4) 编制甲公司 2×23 年 12 月 31 日合并乙公司财务报表时，抵销上年双方未实现内部交易对期初未分配利润影响的会计分录。

2024年注册会计师全国统一考试
《会计》全真模拟试题（二）参考答案及解析

一、单项选择题

1. 【答案】A

【解析】会计信息质量要求中的重要性原则，并不是要求企业对不重要的不处理，而是不重要的简化处理，选项B不正确；会计信息质量要求中的可比性原则，要求企业对不同会计期间发生的相同交易或事项应当采用相同的会计政策，选项C不正确；如果企业等到与交易或者事项有关的全部信息获得之后再进行会计处理，这样的信息披露虽然提高了信息的可靠性，但可能违背了会计信息质量要求中的及时性要求，因此企业需要在及时性和可靠性之间进行权衡，选项D不正确。

2. 【答案】C

【解析】W产品的可变现净值为40万元，成本为47（37+10）万元，可变现净值低于成本，故自制半成品S应按成本与可变现净值孰低计量。自制半成品S的成本为37万元，可变现净值=40−10=30（万元），应计提的存货跌价准备=37−30=7（万元）。

3. 【答案】A

【解析】更新改造后该机器设备的入账价值=500−200−50+100+80=430（万元）。

4. 【答案】C

【解析】选项A、B，采用成本模式计量的投资性房地产转为非投资性房地产，应当将该房地产转换前的账面价值作为转换后的入账价值；选项D，采用公允价值模式计量的投资性房地产转换为自用房地产时，应当以其转换当日的公允价值作为自用房地产的入账价值，公允价值与原账面价值的差额计入当期损益（公允价值变动损益）。

5. 【答案】C

【解析】甲公司该项长期股权投资的初始投资成本=1 000×10+1 200=11 200（万元），为增发股份支付的佣金和手续费冲减股份的溢价收入。会计分录如下：

固定资产转入清理的分录略。

借：长期股权投资	11 200	
贷：固定资产清理		1 000
资产处置损益		200

股本 1 000

资本公积——股本溢价 9 000

借：资本公积——股本溢价 400

贷：银行存款 400

6. 【答案】C

【解析】选项A，因重新计算设定受益计划净负债产生的保险精算收益，计入其他综合收益，不影响损益；选项B，因联营企业其他投资方单方增资导致应享有联营企业净资产份额的变动，投资企业应增加长期股权投资（其他权益变动）的账面价值和资本公积，不影响损益；选项D，将自用房屋转为采用公允价值进行后续计量的投资性房地产时，公允价值大于账面价值的差额，计入其他综合收益，不影响损益。

7. 【答案】D

【解析】选项A、B、C均应当作为以权益结算的股份支付进行处理。

8. 【答案】C

【解析】借款费用是企业借入资金所付出的代价，它包括借款利息费用以及因外币借款发生的汇兑差额等，还包括因借款而发生的辅助费用，但是不包括企业发生的权益性融资费用。承租人根据租赁会计准则所确认的融资费用属于借款费用。发行股票支付的承销商佣金和手续费应该冲减资本公积，不属于借款费用。

9. 【答案】D

【解析】因未决诉讼确认预计负债的金额 $=(200+300)/2+20=270$（万元）。很可能收到的补偿，尚未达到基本确定，无须处理。

会计分录为：

借：管理费用 20

营业外支出 250

贷：预计负债 270

10. 【答案】C

【解析】甲公司应确认的债务重组收益 $=600-400-500\times13\%=135$（万元）。

甲公司分录：

借：应付账款 600

存货跌价准备 50

贷：库存商品 450

应交税费——应交增值税（销项税额） 65

其他收益——债务重组收益 135

11. 【答案】C

【解析】根据准则规定，在没有其他关联方关系的情况下，仅因为属于某一合营企业的共同合营者，不能认定各合营者之间是关联方。

12. 【答案】C

【解析】选项A、B、D均属于会计估计变更。选项C，存货计价方法的变更属于会计政策变更。

13. 【答案】C

【解析】选项A，甲公司上年出售的商品由于出现市场行情的重大变化导致重新估计的退货率与原估计数不一致，不属于对资产负债表日已存在的情况提供新的或进一步证据的事项，不属于调整事项，不调整2×23年财务报表；选项B，由于报表已经报出，故不能调整2×23年财务报表；选项C，属于日后期间诉讼案件结案，法院判决证实了企业在资产负债表日已经存在的现时义务，需要调整原确认的相关的预计负债；选项D，属于日后非调整事项。

二、多项选择题

1.【答案】ACD

【解析】选项B，甲公司应按照或有事项的有关原则进行会计处理，如满足预计负债确认条件，则应确认预计负债等，甲公司因资产负债表日未获得全部信息而未确认预计负债，不符合及时性要求，并且也可能违背了谨慎性要求，即企业对交易或者事项进行会计确认、计量和报告时应当保持应有的谨慎，不应高估资产或者收益、不应低估负债或者费用。

2.【答案】AB

【解析】选项C，未使用固定资产仍需计提折旧，其折旧金额应当计入管理费用；选项D，已经完工投入使用但尚未竣工决算的在建工程在完工时应当转入固定资产，按照暂估价值入账并相应的计提折旧。

3.【答案】ACD

【解析】选项A，对于尚未达到预定可使用状态的无形资产，无论是否存在减值迹象，都应当至少于每年年度终了进行减值测试；选项C，使用寿命不确定的无形资产在持有过程中不应当计提摊销，但至少需要在每年年末进行减值测试；选项D，不需要确认该金额。

4.【答案】ACD

【解析】选项B，对于商誉、使用寿命不确定的无形资产以及尚未达到可使用状态的无形资产，企业至少应当于每年年度终了进行减值测试。

5.【答案】ACD

【解析】小规模纳税人将自产的产品分配给股东，视同销售货物计算交纳的增值税记入“应交税费——应交增值税”科目，所以选项B错误。

6.【答案】BC

【解析】该金融工具涉及发行方和持有方无法控制的或有事项，即投资者有权要求甲公司按票面价值及票面价值和基准利率计算的本息合计金额赎回，将导致甲公司无法避免的使得经济利益流出企业，从而存在支付现金偿还本金的合同义务，应该确认为金融负债。

7.【答案】BD

【解析】选项A、C，上述其他综合收益在相关资产处置或负债终止确认时可以重分类计入当期损益；选项B，在将来该设定受益计划完成时，应将相关其他综合收益结转至未分配利润；选项D，指定为以公允价值计量且其变动计入当期损益的金融负债因企业自身信用风险的变动形成的其他综合收益以后期间应转入留存收益。

8.【答案】BD

【解析】选项A，应收账款属于货币性项目；选项C，未到期的应收票据属于货币性资产。

9.【答案】BD

【解析】选项A、B，企业对其境外经营子公司的外币报表进行折算时，资产和负债项目应该按照资产负债表日（期末）的即期汇率折算为母公司记账本位币；选项C，未分配利润的金额是按照所有者权益变动表中相关项目倒挤出来的，即期初未分配利润加本期实现的净利润、减计提盈余公积的金额倒挤得出，并不是使用某一汇率直接折算得到；选项D，企业应对外币报表的利润表中的收入和费用项目采用交易发生日的即期汇率或即期汇率的近似汇率（平均汇率）折算。

10.【答案】AB

【解析】基本每股收益只考虑当期实际发行在外的普通股股份，按照对属于普通股股东的当期净利润除以当期实际发行在外的普通股的加权平均数计算确定，选项C和D，在2×23年均属于稀释性潜在普通股，计算2×23年基本每股收益时不需要考虑。

11.【答案】ACD

【解析】选项A，当相关资产或负债具有出价和要价时，企业可以使用出价和要价价差中在当前市场情况下最能代表该资产或负债公允价值的价格记录该资产或负债；选项C，在根据选定市场的交易价格确定相关资产或负债的公允价值时，应当根据资产或负债的特征对有关价格进行调整，与交易费用无关；选项D，以公允价值计量资产或负债应当首先假定出售资产或转移负债的有序交易在该资产或负债的主要市场进行，不存在主要市场的才可以选择最有利市场。

12.【答案】AB

【解析】民间非营利组织对于各项收入应当按是否存在限定区分为非限定性收入和限定性收入进行核算。如果资产提供者对资产的使用设置了时间限制或者（和）用途限制，则所确认的相关收入为限定性收入；除此之外的其他收入，为非限定性收入，所以选择A、B。

三、计算分析题

1.【答案】

（1）已授予高管人员的认股权证属于以权益结算的股份支付，由于相关权利不附加其他行权条件，没有等待期，应根据授予的认股权证在授予日的公允价值确认当期员工服务成本。

当期应确认的费用 $=9\times20\times2=360$（万元）

会计分录：

借：管理费用　　360

　贷：资本公积　　360

（2）甲公司对可转换公司债券应进行的会计处理：该可转债初始确认时应区分负债和权益部分，并按负债部分的实际利率确认利息费用。

负债部分 $=10\,000\times0.6806+(10\,000\times5\%)\times3.9927=8\,802.35$（万元）

权益部分 $=10\,000-8\,802.35=1\,197.65$（万元）

应确认的利息费用 $=8\,802.35\times8\%\times6/12=352.09$（万元）

会计分录：

借：银行存款　　10 000

　　应付债券——利息调整　　1 197.65

　贷：应付债券——面值　　10 000

其他权益工具　　1 197.65
借：财务费用　　352.09
　贷：应付债券——利息调整　　102.09
　　应付利息　　250

甲公司可转换公司债券相关负债 2×23 年 12 月 31 日的账面价值 =10 000 －1 197.65 +102.09 =8 904.44（万元）

（3）会计分录如下：

借：应收股利　　10
　其他权益工具投资　　598
　贷：银行存款　　608
借：银行存款　　10
　贷：应收股利　　10
借：其他权益工具投资　　152
　贷：其他综合收益　　152

（4）假设认股权证与发行日即转为普通股所计算的股票数量增加额：

[9×20－(9×20×10)÷12]×9/12 =22.5（万股）

增量股每股收益为 0，具有稀释性。

假设可转换债券于发行日即转为普通股所计算的净利润增加额和股票数量增加额：

净利润增加额 =352.09（万元）

股票数量增加额 =100×5×6/12 =250（万股）

增量股每股收益 =352.09÷250 =1.41（元/股），具有稀释性。

2×23 年度：

基本每股收益 =5 000÷2 000 =2.5（元/股）

考虑认股权证后的稀释每股收益 =5 000/(2 000 +22.5）=2.47（元/股）

再次考虑可转换公司债券，稀释每股收益 =(5 000 +352.09）÷(2 000 +250 +22.5）=2.36（元/股）。

因此，2×23 年度的稀释每股收益为 2.36（元/股）。

2×22 年度：

基本每股收益 =4 000÷2 000 =2（元/股）

稀释每股收益与基本每股收益相同，为 2 元/股。

2.【答案】

（1）甲公司所持乙公司长期股权投资的初始投资成本 =2 500×6 =15 000（万元）

初始投资成本 15 000 万元，享有被投资单位可辨认净资产公允价值份额 =55 000×30% =16 500（万元），初始投资成本小于享有被投资单位可辨认净资产公允价值份额，应按差额 1 500 万元调增长期股权投资，同时计入营业外收入。

借：长期股权投资——投资成本　　15 000
　贷：股本　　2 500
　　资本公积——股本溢价　　12 500
借：长期股权投资——投资成本　　1 500

贷：营业外收入　　1 500

（2）乙公司2×22年调整后的净利润＝3 600－［20 000－（30 000－15 000）］/20－（300－250）×（1－50%）＝3 325（万元）

甲公司2×22年应确认的投资收益＝3 325×30%＝997.5（万元）

借：长期股权投资——损益调整　　997.5

　　贷：投资收益　　997.5

甲公司2×22年确认的乙公司其他综合收益变动份额＝100×30%＝30（万元）

借：长期股权投资——其他综合收益　　30

　　贷：其他综合收益　　30

（3）甲公司出售所持乙公司15%股权投资产生的损益＝（12 000＋12 000）－（16 500＋997.5＋30）＋30＝6 502.5（万元）

借：银行存款　　12 000

　　贷：长期股权投资——投资成本　　（16 500×15%/30%）8 250

　　　　　　　　　——损益调整　　（997.5×15%/30%）498.75

　　　　　　　　　——其他综合收益　　（30×15%/30%）15

　　　　投资收益　　3 236.25

借：其他权益工具投资——成本　　12 000

　　贷：长期股权投资——投资成本　　8 250

　　　　　　　　　——损益调整　　498.75

　　　　　　　　　——其他综合收益　　15

　　　　投资收益　　3 236.25

借：其他综合收益　　30

　　贷：投资收益　　30

（4）2×23年12月31日：

借：其他权益工具投资——公允价值变动　　2 000

　　贷：其他综合收益　　2 000

2×24年1月1日：

借：银行存款　　14 000

　　贷：其他权益工具投资——成本　　12 000

　　　　　　　　　　——公允价值变动　　2 000

借：其他综合收益　　2 000

　　贷：盈余公积　　200

　　　　利润分配——未分配利润　　1 800

四、综合题

1.【答案】

（1）甲公司应选择投入法确认收入。

理由：产出法是直接计量已完成的产出，一般能够客观的反映履约进度，当产出法所需的信息可能无法观察或直接获得，可采用投入法。

（2）甲公司于合同开始日应将交易价格按照A商品和B商品的单独售价比例进行分摊。

分摊至A商品的合同价格 = 5 000 × 2 240/（2 240 + 3 360）= 2 000（万元）

分摊至B商品的合同价格 = 5 000 × 3 360/（2 240 + 3 360）= 3 000（万元）

借：合同资产　2 260

　贷：主营业务收入　2 000

　　应交税费——应交增值税（销项税额）　260

（3）①甲公司销售C设备合同分为销售C设备、提供未来5年维修服务和提供未来5年保养服务三个单项履约义务。

理由：客户能够选择单独购买维修服务、单独购买保养服务，甲公司销售C设备、提供维修服务和提供保养服务的三项承诺均可明确区分。

②C设备单独售价为15 000万元；

每年每台设备单独提供维修服务的单独售价为100万元；

每年每台设备单独提供保养服务的单独售价为20万元。

C设备应分摊合同价格 =（15 000 + 600）× 15 000/（15 000 + 100 × 5 + 20 × 5）= 15 000（万元）

保质期后未来5年提供维修服务应分摊合同价格 =（15 000 + 600）×（100 × 5）/（15 000 + 100 × 5 + 20 × 5）= 500（万元）

保质期后未来5年提供保养服务应分摊合同价格 =（15 000 + 600）×（20 × 5）/（15 000 + 100 × 5 + 20 × 5）= 100（万元）

③甲公司销售C设备在保质期内提供的维修服务应按照或有事项准则确认为预计负债，并计入当期损益。

甲公司销售C设备在保质期以后所提供维修服务和保养服务应当与销售C设备分别作为单项履约义务，按照各自单独售价分摊合同价格，分摊至保质期以后所提供维修服务和保养服务的部分确认为合同负债，在以后提供服务的期间内确认为收入。

（4）①甲公司销售D设备合同分为销售D设备和授予客户奖励积分两个单项履约义务。

②考虑积分兑换率后奖励积分的单独售价 = 5 × 6 250 × 80% = 25 000（万元）

分摊至商品的合同价格 = 100 000 × [100 000/（100 000 + 25 000）] = 80 000（万元）

分摊至积分的合同价格 = 100 000 × [25 000/（100 000 + 25 000）] = 20 000（万元）

③甲公司因销售D设备应确认的质量保证费用 = 100 000 ×（20% × 1% + 10% × 2%）= 400（万元）

④借：银行存款　113 000

　贷：主营业务收入　80 000

　　合同负债　20 000

　　应交税费——应交增值税（销项税额）　13 000

借：主营业务成本　400

　贷：预计负债　400

2.【答案】

（1）甲公司合并乙公司的购买日是2×21年12月31日。

理由：甲公司能够控制乙公司的财务和经营决策，该项交易后续不存在实质性障碍。

商誉 =6 000×6.3－54 000×60% =5 400（万元）

借：长期股权投资　37 800

　贷：股本　6 000

　　资本公积——股本溢价　31 800

借：管理费用　400

　资本公积——股本溢价　2 000

　贷：银行存款　2 400

（2）甲公司对丙公司投资应采用权益法核算。

理由：甲公司取得丙公司30%股权并能对丙公司施加重大影响。

借：长期股权投资——投资成本　2 600

　贷：银行存款　2 600

借：长期股权投资——投资成本　100

　贷：营业外收入　（9 000×30%－2 600）100

甲公司投资后丙公司调整后的净利润 =2 400×9/12－（840－480）÷5×9/12－（1 200－720）÷6×9/12 =1 686（万元），甲公司2×22 年持有丙公司股权应确认的投资收益 =1 686×30% =505.8（万元）。

借：长期股权投资——损益调整　505.8

　贷：投资收益　505.8

借：其他综合收益　（120×9/12×30%）27

　贷：长期股权投资——其他综合收益　27

（3）①合并报表中调整长期股权投资：

借：长期股权投资　（6 000×60%）3 600

　贷：投资收益　3 600

借：长期股权投资　（400×60%）240

　贷：其他综合收益　240

②抵销分录：

借：股本　10 000

　资本公积　20 000

　其他综合收益　400

　盈余公积　10 000

　年末未分配利润　20 000

　商誉　5 400

　贷：长期股权投资　（37 800＋3 600＋240）41 640

　　少数股东权益　[（10 000＋20 000＋400＋10 000＋20 000）×40%]24 160

借：投资收益　3 600

　少数股东损益　2 400

　年初未分配利润　14 600

　贷：提取盈余公积　600

　　年末未分配利润　20 000

借：营业收入　300
　贷：营业成本　216
　　固定资产——原价　84
借：固定资产——累计折旧　（84÷5×6/12）8.4
　贷：管理费用　8.4
借：应付账款　339
　贷：应收账款　339
借：应收账款——坏账准备　（339×5%）16.95
　贷：信用减值损失　16.95

（4）分录如下：

借：年初未分配利润　84
　贷：固定资产——原价　84
借：固定资产——累计折旧　8.4
　贷：年初未分配利润　8.4
借：应收账款——坏账准备　16.95
　贷：年初未分配利润　16.95

2024 年注册会计师全国统一考试
《会计》全真模拟试题（三）

一、单项选择题（共 13 个小题，每个小题 2 分，共 26 分）

1. 甲公司 2×24 年经批准发行 10 亿元永续中票。其发行合同约定：（1）采用固定利率，当期票面利率 = 当期基准利率 +1%，前 5 年利率保持不变，从第 6 年开始，每 5 年重置一次，票面利率最高不超过 8%；（2）每年 7 月支付利息，经提前公告当年应予发放的利息可递延，但付息前 12 个月，如遇公司向普通股股东分红或减少注册资本，则利息不能递延，否则递延次数不受限制；（3）自发行之日起 5 年后，甲公司有权决定是否实施转股；（4）甲公司有权决定是否赎回，赎回前长期存续。根据以上条款，甲公司将该永续中票确认为权益，其所体现的会计信息质量要求是（　　）。

A. 相关性　　B. 可靠性

C. 可理解性　　D. 实质重于形式

2. 甲公司为增值税一般纳税人，采用先进先出法计量 A 原材料的发出成本。2×21 年年初，甲公司库存 200 件 A 原材料的账面余额为 2 000 万元，未计提跌价准备。6 月 2 日购入 A 原材料 250 件，成本 2 375 万元（不含增值税），运输费用 80 万元（含增值税，适用税率为 9%），保险费用 0.23 万元。1 月 30 日、6 月 8 日、11 月 11 日分别发出 A 原材料 150 件、200 件和 30 件。甲公司 2×21 年 12 月 31 日库存 A 原材料成本是（　　）。

A. 665.00 万元　　B. 685.30 万元

C. 687.40 万元　　D. 700.00 万元

3. 甲公司为增值税一般纳税人，其 2×23 年 5 月 10 日购入需安装设备一台，价款为 500 万元，可抵扣增值税进项税额为 65 万元。为购买该设备发生运输途中保险费 20 万元。设备安装过程中，领用材料 50 万元，相关增值税进项税额为 6.5 万元；支付安装工人工资 12 万元。设备于 2×23 年 12 月 30 日达到预定可使用状态，采用年数总和法计提折旧，预计使用 10 年，预计净残值为零。不考虑其他因素，2×24 年该设备应计提的折旧额为（　　）。

A. 102.18 万元　　B. 103.64 万元

C. 105.82 万元　　D. 116.64 万元

4. 甲公司 2×22 年 1 月开始研发一项新技术，2×23 年 1 月进入开发阶段，2×23 年 12

月 31 日完成开发并申请了专利。该项目 2×22 年发生研究费用 600 万元，截至 2×23 年末累计发生研发费用 1 600 万元，其中符合资本化条件的金额为 1 000 万元，按照税法规定，研发支出可按实际支出的 200% 税前抵扣。不考虑其他因素，下列各项关于甲公司上述研发项目会计处理的表述中，正确的是（　　）。

A. 将研发项目发生的研究费用确认为长期待摊费用

B. 实际发生的研发费用与其可予税前抵扣金额的差额确认递延所得税资产

C. 自符合资本化条件起至达到预定用途时所发生的研发费用资本化金额计入无形资产

D. 研发项目在达到预定用途后，将所发生全部研究和开发费用可予税前抵扣金额的所得税影响额确认为所得税费用

5. 甲公司将原自用的办公楼用于出租，以赚取租金收入。租赁期开始日，该办公楼账面原价为 14 000 万元，已计提折旧为 5 600 万元，未计提减值准备，公允价值为 12 000 万元。甲公司对投资性房地产采用公允价值模式进行后续计量。甲公司上述自用办公楼转换为投资性房地产时公允价值大于原账面价值的差额在财务报表中列示的项目是（　　）。

A. 营业收入　　B. 其他综合收益

C. 资本公积　　D. 公允价值变动收益

6. 下列关于合营安排的表述中，正确的是（　　）。

A. 当合营安排未通过单独主体达成时，该合营安排为共同经营

B. 两个参与方组合能够集体控制某项安排的，该安排构成合营安排

C. 合营安排中参与方对合营安排提供担保的，该合营安排为共同经营

D. 合营安排为共同经营的，参与方对合营安排有关的净资产享有权利

7. 甲公司是一家上市公司，经股东大会批准，向其子公司（乙公司）的高级管理人员授予其自身的股票期权。对于上述股份支付，在甲公司和乙公司的个别报表中，正确的会计处理方法是（　　）。

A. 均作为以现金结算的股份支付处理

B. 甲公司作为以权益结算的股份支付处理，乙公司作为以现金结算的股份支付处理

C. 在等待期内，乙公司高管人员转至甲公司担任高管且相关股权激励未发生实质性变化的，相关高管的股权激励费用应在甲乙公司之间按合理的标准进行分摊

D. 甲公司作为以现金结算的股份支付处理，乙公司作为以权益结算的股份支付处理

8. 2×22 年 3 月 5 日，甲公司开工建设一栋办公大楼，工期预计为 1.5 年。为筹集办公大楼后续建设所需要的资金，甲公司于 2×23 年 1 月 1 日向银行专门借款 5 000 万元，借款期限为 2 年，年利率为 7%（与实际利率相同），借款利息按年支付。2×23 年 4 月 1 日、2×23 年 6 月 1 日、2×23 年 9 月 1 日，甲公司使用专门借款分别支付工程进度款 2 000 万元、1 500 万元、1 500 万元。借款资金闲置期间专门用于短期理财，共获得理财收益 60 万元。该栋办公大楼于 2×23 年 10 月 1 日达到预定可使用状态。不考虑其他因素，甲公司 2×23 年度借款费用应予资本化的金额为（　　）。

A. 202.50 万元　　B. 262.50 万元

C. 290.00 万元　　D. 350.00 万元

9. 下列关于或有事项的表述中，正确的是（　　）。

A. 或有事项形成的预计负债是企业承担的现时义务

B. 或有事项形成的或有资产应当在很可能收到时予以确认

C. 预计负债计量应考虑与其相关的或有资产预期处置产生的损益

D. 预计负债应当与其相关的或有资产相抵后在资产负债表中以净额列报

10. 下列关于嵌入衍生金融工具会计处理的表述中，不正确的是（　　）。

A. 衍生工具如果附属于一项金融工具但根据合同规定可以独立于该金融工具进行转让，或者具有与该金融工具不同的交易对手方，则该衍生工具属于嵌入衍生工具

B. 混合合同包含的主合同属于金融工具准则规范的资产的，企业不应从该混合合同中分拆嵌入衍生工具，而应当将该混合合同作为一个整体适用关于金融资产分类的相关规定，将其分类为以公允价值计量且其变动计入当期损益的金融资产

C. 如果主合同并非金融工具准则范围的资产，企业对嵌入衍生工具进行会计处理时，应当合理地判断其与主合同的关系，根据其经济特征和风险是否与主合同的经济特征和风险紧密相关，并结合其他条件决定是否分拆

D. 当企业成为混合合同的一方，而主合同不属于金融工具准则规范的资产且包含一项或多项嵌入衍生工具时，则企业应识别所有此类嵌入衍生工具、评估其是否需要与主合同分拆，并且对于需与主合同分拆的嵌入衍生工具，应以公允价值进行初始确认和后续计量

11. 下列各项中，能够引起现金流量净额发生变动的是（　　）。

A. 以存货抵偿债务

B. 以银行存款支付采购款

C. 将现金存为银行活期存款

D. 以银行存款购买 2 个月内到期的债券投资

12. 甲公司 2×23 年 2 月购置了一栋办公楼，预计使用寿命 40 年，因此，该公司 2×23 年 3 月 30 日发布公告称：经公司董事会审议通过《关于公司固定资产折旧年限会计估计变更的议案》，决定调整公司房屋建筑物的预计使用寿命，从原定的 20～30 年调整为 20～40 年。不考虑其他因素，下列关于甲公司对该公告所述折旧年限调整会计处理的表述中，正确的是（　　）。

A. 对房屋建筑物折旧年限的变更应当作为会计政策变更并进行追溯调整

B. 对房屋建筑物折旧年限变更作为会计估计变更并应当从 2×23 年 1 月 1 日起开始未来适用

C. 对 2×23 年 2 月新购置的办公楼按照新的会计估计 40 年折旧不属于会计估计变更

D. 对因 2×23 年 2 月新购置办公楼折旧年限的确定导致对原有房屋建筑物折旧年限的变更应当作为重大会计差错进行追溯重述

13. 甲公司 2×20 年 10 月为乙公司的银行贷款提供担保。银行、甲公司、乙公司三方签订的合同约定：（1）贷款本金为 4 200 万元，自 2×20 年 12 月 21 日起 2 年，年利率 5.6%；（2）乙公司以房产为该项贷款提供抵押担保；（3）甲公司为该贷款提供连带责任担保。2×22 年 12 月 22 日，该项贷款逾期未付，银行要求甲公司履行担保责任。2×22 年 12 月 30 日，甲公司、乙公司与贷款银行经协商签订补充协议，约定将乙公司的担保房产变现用以偿付该贷款本息。该房产预计处置价款可以覆盖贷款本息，甲公司在其 2×22 年财务报表中未确认相关预计负债。2×23 年 5 月，因乙公司该房产出售过程中出现未预期到的纠纷导致无法出售，银行向法院提起诉讼，判决甲公司履行担保责任。经庭外协商，甲公司需于 2×23 年 7 月和 2×24 年 1 月分两次等额支付乙公司所欠借款本息，同时获得对乙公司的追

偿权，但无法预计能否取得。不考虑其他因素，甲公司对需履行的担保责任应进行的会计处理是（　　）。

A. 作为 2×23 年事项将需支付的担保款计入 2×23 年财务报表

B. 作为会计政策变更将需支付的担保款追溯调整 2×22 年财务报表

C. 作为重大会计差错更正将需支付的担保款追溯重述 2×22 年财务报表

D. 作为新发生事项，将需支付的担保款分别计入 2×23 年和 2×24 年财务报表

二、多项选择题（共 12 个小题，每个小题 2 分，共 24 分）

1. 甲公司以出包方式建造厂房，建造过程中发生的下列支出中，应计入所建造固定资产成本的有（　　）。

A. 支付给第三方监理公司的监理费

B. 为取得土地使用权而缴纳的土地出让金

C. 建造期间测试固定资产可否正常运转的支出

D. 建造期间因可预见的不可抗力导致暂停施工发生的费用

2. 下列各项中，无论是否有确凿证据表明资产存在减值迹象，均应至少于每年年末进行减值测试的有（　　）。

A. 对联营企业的长期股权投资

B. 使用寿命不确定的专有技术

C. 非同一控制下企业合并产生的商誉

D. 尚未达到预定可使用状态的无形资产

3. 下列各项关于职工薪酬会计处理的表述中，正确的有（　　）。

A. 辞退福利在满足负债确认条件的当期一次性计入费用，不计入资产成本

B. 重新计量设定受益计划净资产或净负债的变动额计入其他综合收益，并在设定受益计划终止的当期一次性转入损益

C. 为提取职工在会计期间为企业提供的服务而应付给设定提存计划的提存金，作为一项费用计入当期损益或相关资产成本

D. 将生产的产品无偿提供给职工的，根据职工所提供服务的受益对象，将产品成本计入当期损益或相关资产成本

4. 下列各项关于终止经营列报的表述中，错误的有（　　）。

A. 终止经营的处置损益以及调整金额作为终止经营损益列报

B. 拟结束使用而非出售的处置组满足终止经营定义中有关组成部分条件的，自停止使用日起作为终止经营列报

C. 终止经营的经营损益作为持续经营损益列报

D. 对于当期列报的终止经营，在当期财务报表中将处置日前原来作为持续经营损益列报的信息重新作为终止经营损益列报，但不调整可比会计期间利润表

5. 下列项目中，会产生直接计入所有者权益的利得或损失的有（　　）。

A. 现金流量套期工具产生的利得或损失中属于有效套期工具的部分

B. 因联营企业增资导致持股比例下降但仍具有重大影响，投资方享有被投资单位增资后净资产份额的增加额

C. 指定为以公允价值计量且其变动计入其他综合收益的外币非货币性项目所产生的汇兑差额

D. 以权益结算的股份支付在等待期内确认计入所有者权益的金额

6. 下列各项关于企业取得的政府补助会计处理的表述中，错误的有（ ）。

A. 财政直接拨付受益企业的贴息资金采用总额法进行会计处理

B. 总额法下在相关资产处置时尚未摊销完的与资产相关的政府补助继续按期摊销计入当期损益

C. 同时包含与资产相关部分和与收益相关部分的政府补助难以区分时，全部作为与资产相关的政府补助进行会计处理

D. 同时使用总额法和净额法对不同类别的政府补助进行会计处理

7. 不考虑其他因素，甲公司发生的下列交易事项中，属于非货币性资产交换的有（ ）。

A. 以对子公司股权投资换入一项投资性物业

B. 以本公司自用设备换入生产用专利技术

C. 以原准备持有至到期的债权投资换入固定资产

D. 定向发行本公司股票取得某被投资单位40%股权

8. 甲公司欠乙公司货款1500万元，因甲公司发生财务困难，无法偿还已逾期的欠款，为此，甲公司与乙公司协商一致，于2×23年6月4日签订债务重组协议：甲公司以其拥有的账面价值为650万元，公允价值为600万元的设备以及账面价值为500万元，公允价值为600万元的库存商品抵偿乙公司货款，当日，乙公司该项债权的公允价值为1 000万元，乙公司已对该债权计提了300万的坏账准备。双方于2×23年6月30日办理了相关资产交接手续。甲乙公司不存在关联方关系。不考虑相关税费及其他因素，下列各项关于甲、乙公司上述交易于2×23年会计处理的表述中，正确的有（ ）。

A. 乙公司因债务重组确认投资收益500万元

B. 甲公司因债务重组影响损益的金额为350万元

C. 乙公司取得抵债的固定资产的入账价值为600万元

D. 乙公司取得抵债的库存商品的入账价值为500万元

9. 下列各项中，在对境外经营财务报表进行折算时选用的有关汇率，符合会计准则规定的有（ ）。

A. 股本采用股东出资日的即期汇率折算

B. 其他权益工具投资采用资产负债表日即期汇率折算

C. 未分配利润项目采用报告期平均汇率折算

D. 当期提取的盈余公积采用当期平均汇率折算

10. 下列各项中，应该重新计算各项报表期间每股收益的有（ ）。

A. 报告年度以盈余公积转为股本

B. 报告年度资产负债表日后期间分拆股份

C. 报告年度以发行股份为对价实现非同一控制下企业合并

D. 报告年度因发现企业前期重大会计差错而对财务报告进行调整

11. 下列各项关于公允价值层次的表述中，符合企业会计准则规定的有（ ）。

A. 在计量日能够取得的相同资产或负债在活跃市场上未经调整的报价属于第一层次输入值

B. 除第一层次输入值之外相关资产或负债直接或间接可观察的输入值属于第二层次输入值

C. 公允价值计量结果所属的层次，由对公允价值计量整体而言重要的输入值所属的最高层次确定

D. 不能直接观察和无法由可观察市场数据验证的相关资产或负债的输入值属于第三层次输入值

12. 下列各项中，属于民间非营利组织会计要素的有（　　）。

A. 收入　　B. 费用

C. 利润　　D. 所有者权益

三、计算分析题（共2个小题，每个小题9分，共18分）

1. 甲股份有限公司（以下简称“甲公司”）的注册会计师在对其2×23年财务报表进行审计时，就以下事项的会计处理与甲公司管理层进行沟通：

（1）2×23年12月，甲公司收到财政部门拨款2 000万元，系对甲公司2×23年执行国家计划内政策价差的补偿。甲公司A商品单位售价为5万元/台，成本为2.5万元/台，但在纳入国家计划内政策体系后，甲公司对国家规定范围内的用户销售A商品的售价为3万元/台，国家财政给予2万元/台的补贴。2×23年甲公司共销售政策范围内A商品1 000件。甲公司对该事项的会计处理如下（会计分录中的金额单位为万元，下同）：

借：应收账款　　3 000
　　贷：主营业务收入　　3 000
借：主营业务成本　　2 500
　　贷：库存商品　　2 500
借：银行存款　　2 000
　　贷：营业外收入　　2 000

（2）2×23年，甲公司尝试通过中间商扩大B商品市场占有率。甲公司与中间商签订的合同分为两类。第一类合同约定：甲公司按照中间商要求发货，中间商按照甲公司确定的售价3 000元/件对外出售，双方按照实际售出数量定期结算，未售出商品由甲公司收回，中间商就所销售B商品收取提成费200元/件；该类合同下，甲公司2×23年共发货1 000件，中间商实际售出800件。第二类合同约定：甲公司按照中间商要求的时间和数量发货，甲公司出售给中间商的价格为2 850元/件，中间商对外出售的价格自行确定，未售出商品由中间商自行处理；该类合同下，甲公司2×23年共向中间商发货2 000件。甲公司向中间商所发送B商品数量、质量均符合合同约定，成本为2 400元/件。甲公司对上述事项的会计处理如下：

借：应收账款　　870
　　贷：主营业务收入　　870
借：主营业务成本　　720
　　贷：库存商品　　720

借：销售费用　　20

　　贷：应付账款　　20

（3）2×23年6月，董事会决议将公司生产的一批C商品作为职工福利发放给部分员工。该批C商品的成本为3 000元/件，市场售价为4 000元/件。受该项福利计划影响的员工包括：中高层管理人员200人、企业正在进行的某研发项目相关人员50人，甲公司向上述员工每人发放1件C商品。研发项目已进行至后期开发阶段，甲公司预计能够形成无形资产，至2×23年12月31日，该研发项目仍在进行中。甲公司进行的会计处理如下：

借：管理费用　　75

　　贷：库存商品　　75

（4）2×23年7月，甲公司一未决诉讼结案。法院判定甲公司承担损失赔偿责任3 000万元。该诉讼事项源于2×22年9月一竞争对手提起的对甲公司的起诉，编制2×22年财务报表期间，甲公司曾在法院的调解下，与原告方达成初步和解意向。按照该意向，甲公司需向对方赔偿1 000万元，甲公司据此在2×22年确认预计负债1 000万元。2×23年，原告方控股股东变更，新的控股股东认为原调解决定不合理，不再承认原初步和解相关事项，向法院请求继续原法律程序。因实际结案时需赔偿金额与原确认预计负债的金额差别较大，甲公司于2×23年进行了以下会计处理：

借：以前年度损益调整　　2 000

　　贷：预计负债　　2 000

借：盈余公积　　200

　　利润分配——未分配利润　　1 800

　　贷：以前年度损益调整　　2 000

（5）甲公司于2×22年8月取得200万股乙公司股票，成本为6元/股，指定为以公允价值计量且其变动计入其他综合收益的金融资产。2×22年12月31日，乙公司股票收盘价为5元/股。甲公司在其2×22年财务报表中对该事项进行了以下会计处理：

借：信用减值损失　　200

　　贷：其他综合收益　　200

其他资料：

假定本题中有关事项均具有重要性，不考虑相关税费及其他因素。

甲公司按照净利润的10%提取法定盈余公积，不提取任意盈余公积。

要求：判断甲公司对事项（1）至事项（5）的会计处理是否正确，并说明理由。对于甲公司会计处理不正确的，编制更正2×23年度财务报表相关项目的会计分录（不考虑计提盈余公积的分录，可以直接使用报表项目编制更正分录）。

2. 甲公司为生产加工企业，其在2×23年度发生了以下与股权投资相关的交易：

（1）甲公司在若干年前参与设立了乙公司并持有其30%的股权，将乙公司作为联营企业，采用权益法核算。2×23年1月1日，甲公司自A公司（非关联方）购买了乙公司60%的股权并取得了控制权，购买对价为3 000万元，发生与合并直接相关费用100万元，上述款项均以银行存款转账支付。2×23年1月1日，甲公司原持有对乙公司30%长期股权投资的账面价值为600万元（长期股权投资账面价值的调整全部为乙公司实现净利润，乙公司不存在其他综合收益及其他影响权益变动的因素）；当日乙公司净资产账面价值为2 000

万元，可辨认净资产公允价值为 3 000 万元，乙公司 100% 股权的公允价值为 5 000 万元，30% 股权的公允价值为 1 500 万元，60% 股权的公允价值为 3 000 万元。

（2）2×23 年 6 月 20 日，乙公司股东大会批准 2×22 年度利润分配方案，提取盈余公积 10 万元，分配现金股利 90 万元，以未分配利润 200 万元转增股本。

（3）2×23 年 1 月 1 日，甲公司与 B 公司出资设立丙公司，双方共同控制丙公司。丙公司注册资本 2 000 万元，其中甲公司占 50%。甲公司以公允价值为 1 000 万元的土地使用权出资，B 公司以公允价值为 500 万元的机器设备和 500 万元现金出资。该土地使用权系甲公司于 10 年前以出让方式取得，原值为 500 万元，期限为 50 年，按直线法摊销，预计净残值为零，至投资设立丙公司时账面价值为 400 万元，后续仍可使用 40 年。

丙公司 2×23 年实现净利润 220 万元。

（4）2×23 年 1 月 1 日，甲公司自 C 公司购买丁公司 40% 的股权，并派人参与丁公司生产经营决策，购买对价为 4 000 万元，以银行存款转账支付。购买日，丁公司净资产账面价值为 5 000 万元，可辨认净资产公允价值为 8 000 万元，3 000 万元增值均来自于丁公司的一栋办公楼。该办公楼的原值为 2 000 万元，预计净残值为零，预计使用寿命为 40 年，采用年限平均法计提折旧，自甲公司取得丁公司股权之日起剩余使用寿命为 20 年。

丁公司 2×23 年实现净利润 900 万元，实现其他综合收益 200 万元。

其他资料：

本题中不考虑所得税等税费及其他相关因素。

要求：

（1）根据资料（1），计算甲公司在进一步取得乙公司 60% 股权后，个别财务报表中对乙公司长期股权投资的账面价值，并编制相关会计分录；计算甲公司合并财务报表中与乙公司投资相关的商誉金额，计算该交易对甲公司合并财务报表损益的影响。

（2）根据资料（2），针对乙公司 2×22 年利润分配方案，说明甲公司个别财务报表中的相关会计处理，并编制相关会计分录。

（3）根据资料（3），编制甲公司对丙公司出资及确认 2×23 年投资收益相关的会计分录。

（4）根据资料（4），计算甲公司对丁公司的初始投资成本，并编制相关会计分录。计算甲公司 2×23 年因持有丁公司股权应确认的投资收益金额，并编制调整长期股权投资账面价值相关的会计分录。

四、综合题（共 2 个小题，每个小题 16 分，共 32 分）

1. 甲股份有限公司（以下简称“甲公司”）拟自建一条生产线，与该生产线建造相关的情况如下：

（1）2×22 年 1 月 2 日，甲公司发行公司债券，专门筹集生产线建设资金。该公司债券为 3 年期分期付息、到期还本债券，面值为 3 000 万元，票面年利率为 5%，发行价格为 3 069.75 万元，另在发行过程中支付中介机构佣金 150 万元，实际募集资金净额为 2 919.75 万元。

（2）甲公司除上述所发行公司债券外，还存在两笔流动资金借款：一笔于 2×21 年 10 月 1 日借入，本金为 2 000 万元，年利率为 6%，期限 2 年；另一笔于 2×21 年 12 月 1 日借入，本金为3 000万元，年利率为7%，期限18个月。

（3）生产线建造工程于2×22年1月2日开工，采用外包方式进行，预计工期1年。有关建造支出情况如下：

2×22年1月2日，支付建造商1 000万元；

2×22年5月1日，支付建造商1 600万元；

2×22年8月1日，支付建造商1 400万元。

（4）2×22年9月1日，生产线建造工程出现人员伤亡事故，被当地安监部门责令停工整改，至20×2年12月底整改完毕。工程于2×23年1月1日恢复建造，当日向建造商支付工程款1 200万元。建造工程于2×23年3月31日完成，并经有关部门验收，试生产出合格产品。为帮助职工正确操作使用新建生产线，甲公司自2×23年3月31日起对一线员工进行培训，至4月30日结束，共发生培训费用120万元。该生产线自2×23年5月1日起实际投入使用。

（5）甲公司将闲置专门借款资金投资固定收益理财产品，月收益率为0.5%。

其他资料：

本题中不考虑所得税等相关税费以及其他因素。

(P/A,5%,3)=2.7232，(P/A,6%,3)=2.6730，(P/A,7%,3)=2.6243

(P/F,5%,3)=0.8638，(P/F,6%,3)=0.8396，(P/F,7%,3)=0.8163

要求：

（1）确定甲公司生产线建造工程借款费用的资本化期间，并说明理由。

（2）计算甲公司发行公司债券的实际利率，并对发行债券进行会计处理。

（3）分别计算甲公司2×22年专门借款、一般借款利息应予资本化的金额，并对生产线建造工程进行会计处理。

（4）分别计算甲公司2×23年专门借款、一般借款利息应予资本化的金额，并对生产线建造工程进行会计处理，编制结转固定资产的会计分录。

2. 甲公司为我国境内的上市公司，该公司2×23年经股东大会批准处置部分股权，其有关交易或事项如下：

（1）甲公司于2×23年7月1日出售其所持子公司（乙公司）股权的60%，所得价款10 000万元收存银行，同时办理了股权划转手续。当日，甲公司持有乙公司剩余股权的公允价值为6 500万元。甲公司出售乙公司股权后，仍持有乙公司28%股权并在乙公司董事会中派出1名董事。

甲公司原所持乙公司70%股权系2×22年6月30日以11 000万元从非关联方购入，购买日乙公司可辨认净资产的公允价值为15 000万元，除办公楼的公允价值大于账面价值4 000万元外，其余各项可辨认资产、负债的公允价值与账面价值相同。上述办公楼按20年、采用年限平均法计提折旧，自购买日开始尚可使用16年，预计净残值为零。2×22年7月1日至2×23年6月30日，乙公司按其资产、负债账面价值计算的净资产增加2 400万元，其中：净利润增加2 000万元，其他债权投资公允价值增加400万元，各月均衡实现。

（2）甲公司于2×23年9月30日出售其所持子公司（丙公司）股权的10%，所得价款3 500万元收存银行，同时办理了股权划转手续。甲公司出售丙公司股权后，仍持有丙公司90%股权并保持对丙公司的控制。

甲公司所持丙公司 100% 股权系 2×21 年 3 月 1 日以 30 000 万元投资设立，丙公司注册资本为 30 000 万元，自丙公司设立起至出售股权止，丙公司除实现净利润 4 500 万元外，无其他所有者权益变动。

（3）甲公司于 2×23 年 12 月 30 日出售其所持联营企业（丁公司）股权的 50%，所得价款 1 900 万元收存银行，同时办理了股权划转手续。甲公司出售丁公司股权后持有丁公司 12% 的股权，对丁公司不再具有重大影响，将其转为按照以公允价值计量且其变动计入当期损益的金融资产核算，剩余投资的公允价值为 1 900 万元。

甲公司所持丁公司 24% 股权系 2×20 年 1 月 5 日购入，初始投资成本为 2 000 万元。投资日丁公司可辨认净资产公允价值为 8 000 万元，除某项无形资产的公允价值大于账面价值 900 万元外，其他各项可辨认资产、负债的公允价值与账面价值相同。上述无形资产自取得投资起按 5 年、直线法摊销，预计净残值为零。

2×23 年 12 月 30 日，按甲公司取得丁公司投资日确定的丁公司各项可辨认资产、负债的公允价值持续计算的丁公司净资产为 12 500 万元，其中：实现净利润 4 800 万元，其他债权投资公允价值减少 300 万元；按原投资日丁公司各项资产、负债账面价值持续计算的丁公司净资产为 12 320 万元，其中：实现净利润 5 520 万元，其他债权投资公允价值减少 300 万元。

（4）其他有关资料：

①甲公司实现净利润按 10% 提取法定盈余公积后不再分配；

②本题不考虑税费及其他因素。

要求：

（1）根据资料（1）：①说明甲公司出售乙公司股权后对乙公司的投资应当采用的后续计量方法，并说明理由；②计算甲公司出售乙公司股权在其个别财务报表中应确认的投资收益，并编制相关会计分录；③计算甲公司出售乙公司股权在其合并财务报表中应确认的投资收益，并编制相关的调整分录；④编制甲公司因持有乙公司股权比例下降对其长期股权投资账面价值调整相关的会计分录。

（2）根据资料（2）：①计算甲公司出售丙公司股权在其个别财务报表中应确认的投资收益；②说明甲公司出售丙公司股权在合并财务报表中的处理原则；③计算甲公司出售丙公司股权在合并资产负债表中应计入相关项目（指出项目名称）的金额。

（3）根据资料（3）：①计算甲公司对丁公司投资于出售日前的账面价值；②计算甲公司出售丁公司股权在其个别财务报表中应确认的投资收益；③编制甲公司出售丁公司股权相关的会计分录。

2024 年注册会计师全国统一考试
《会计》全真模拟试题（三）参考答案及解析

一、单项选择题

1.【答案】D

【解析】实质重于形式要求企业按照交易或事项的经济实质进行会计确认、计量和报告，而不应当仅仅按照交易或者事项的法律形式作为会计确认、计量和报告的依据。甲公司发行的永续中票虽然在法律形式上有固定利率，且附带票息递增条款，但是利息可以递延，且递延次数不受限制。此外，甲公司有权决定是否转股及赎回，意味着甲公司不具有必须偿付本金的合同义务。因此，从经济实质上，甲公司并不承担还本付息的合同义务，应将其分类为权益工具，体现了实质重于形式的要求。

2.【答案】B

【解析】本期购入 A 原材料的单位成本 =［2 375 +80/（1 +9%）+0.23］/250 =9.79（万元），按照先进先出法计算期末库存 A 原材料数量 =200 +250 −150 −200 −30 =70（件），甲公司 2 ×21 年 12 月 31 日库存 A 原材料成本 =9.79 ×70 =685.30（万元）。

3.【答案】C

【解析】该设备的入账价值 =500 +20 +50 +12 =582（万元），2 ×24 年应计提的折旧额 =582 ×10/55 =105.82（万元）。

4.【答案】C

【解析】选项 A，研究费用应记入“研发支出——费用化支出”科目，期末转入管理费用。选项 B，费用化部分加计扣除产生永久性差异，不确认递延所得税资产；资本化部分加计摊销，产生可抵扣暂时性差异，但也不确认递延所得税资产。选项 D，企业研发项目因加计摊销而形成的暂时性差异并不是产生于企业合并，且初始确认时既不影响会计利润也不影响应纳税所得额，因此不需要确认所得税影响。

5.【答案】B

【解析】自用房地产转为以公允价值后续计量的投资性房地产，公允价值大于原账面价值之间的差额计入其他综合收益，公允价值小于原账面价值之间的差额计入公允价值变动损益。

6.【答案】A

【解析】选项B，必须是具有唯一一组集体控制的组合；选项C，参与方为合营安排提供担保（或提供担保的承诺）的行为本身并不直接导致一项安排被分类为共同经营；选项D，合营安排划分为合营企业的，参与方对合营安排有关的净资产享有权利。

7.【答案】C

【解析】甲公司在职工行权时，最终付出的是自身股票，所以属于权益结算的股份支付；乙公司没有结算义务，所以也是权益结算的股份支付。

8.【答案】A

【解析】甲公司2×23年度借款费用应予资本化的金额＝5 000×7%×9/12－60＝202.50（万元）。

9.【答案】A

【解析】选项B，或有资产不应予以确认，或有事项预计收到的补偿等金额在基本确定收到时才能确认为资产；选项C，预计负债计量不应考虑与其相关的或有资产预期处置产生的损益；选项D，预计负债与或有资产不能相互抵销。

10.【答案】A

【解析】衍生工具如果附属于一项金融工具但根据合同规定可以独立于该金融工具进行转让，或者具有与该金融工具不同的交易对手方，则该衍生工具不属于嵌入衍生工具。

11.【答案】B

【解析】选项A，不涉及现金流量净额变动；选项C，银行活期存款属于现金，不涉及现金流量净额的变动；选项D，2个月内到期的债券投资属于现金等价物，不涉及现金流量净额的变动。

12.【答案】C

【解析】选项A，固定资产折旧年限的改变属于会计估计变更；选项B，会计估计变更按照未来适用法处理，应在变更当期及以后期间确认；选项D，固定资产折旧年限的改变不作为前期差错更正处理。

13.【答案】A

【解析】选项B，该业务不属于会计政策变更，所以不需要追溯调整2×22年财务报表；选项C，2×22年会计处理不存在差错，不需要追溯重述2×22年财务报表；选项D，该业务不是新发生的事项。

二、多项选择题

1.【答案】ACD

【解析】选项B，为取得土地使用权而缴纳的土地出让金应当确认为无形资产。企业以出包方式建造固定资产，其成本由建造该项固定资产达到预定可使用状态前所发生的必要支出构成，包括发生的建筑工程支出、安装工程支出以及需分摊计入各固定资产价值的待摊支出。选项D，建造期间因可预见的不可抗力导致暂停施工发生的费用，比如梅雨季节停工损失，可以计入成本。如果是建造期间因不可预见的不可抗力导致暂停施工发生的费用计入营业外支出。

2.【答案】BCD

【解析】选项A，对于长期股权投资，在其出现减值迹象后才需要进行减值测试。

3. 【答案】AC

【解析】选项B，重新计量设定受益净资产或净负债的变动额应当计入其他综合收益，且在后续期间不应重分类计入损益；选项D，以自产产品作为非货币性福利提供给职工的，应当按照该产品的公允价值和相关税费，计量应计入应付职工薪酬的金额，同时计入当期损益或相关资产成本。

4. 【答案】CD

【解析】选项C，应作为终止经营损益列报；选项D，对于当期列报的终止经营，企业应当在当期财务报表中，将原来作为持续经营损益列报的信息重新作为可比会计期间终止经营损益列报。这意味着对于可比会计期间的利润表，作为终止经营列报的不仅包括在可比会计期间即符合终止经营定义的处置组，还包括在当期首次符合终止经营定义的处置组。

5. 【答案】AC

【解析】选项B、D，均计入资本公积——其他资本公积，不属于计入所有者权益的利得或损失。

6. 【答案】ABC

【解析】财政直接拨付受益企业的贴息资金采用净额法进行会计处理，所以选项A不正确；总额法下相关资产在使用寿命结束时或结束前被处置（出售、转让、报废等），尚未分摊的递延收益余额应当一次性转入资产处置当期的损益，不再予以递延，所以选项B不正确；综合性项目政府补助同时包含与资产相关的政府补助和与收益相关的政府补助，企业需要将其进行分解并分别进行会计处理；难以区分的，企业应当将其整体归类为与收益相关的政府补助进行处理，所以选项C不正确。

7. 【答案】AB

【解析】选项C，原准备持有至到期的债权投资属于货币性资产，该交易不属于非货币性资产交换；选项D，属于权益性交易，不属于非货币性资产交换。

8. 【答案】BD

【解析】甲公司因债务重组影响损益的金额 = 1 500 - （650 + 500）= 350（万元），在2×23年6月30日的账务处理为：

借：应付账款	1500	
贷：固定资产清理		650
库存商品		500
其他收益——债务重组收益		350

（固定资产结转至固定资产清理的处理略）

乙公司取得固定资产的入账价值 = 1 000 × [600/(600 + 600)] = 500（万元）；取得库存商品的入账价值 = 1 000 × [600/(600 + 600)] = 500（万元）。乙公司确认投资收益的金额 = 放弃债权的公允价值1 000 - 放弃债权的账面价值1 200（1 500 - 300）= -200（万元）。乙公司在2×23年6月30日的账务处理为：

借：固定资产	500	
库存商品	500	
坏账准备	300	
投资收益	200	

贷：应收账款　　1 500

9.【答案】ABD

【解析】选项 C，所有者权益项目除“未分配利润”项目外，其他项目采用发生时的即期汇率折算。“未分配利润”项目用期初未分配利润 + 当期利润表折算净利润 - 本期计提盈余公积等利润分配的金额计算得出。

10.【答案】ABD

【解析】选项 C，通过发行股票实现非同一控制下企业合并，企业的资产与所有者权益均发生变动，不需要重新计算各列报期的每股收益。

11.【答案】ABD

【解析】选项 C，公允价值计量结果所属的层次，由对公允价值计量整体而言重要的输入值所属的最低层次决定。

12.【答案】AB

【解析】民间非营利组织的会计要素划分为反映财务状况的会计要素和反映业务活动情况的会计要素：反映财务状况的会计要素包括资产、负债和净资产；反映业务活动情况的会计要素包括收入和费用。

三、计算分析题

1.【答案】

（1）甲公司对事项（1）的会计处理不正确。

理由：甲公司自财政部门取得的款项不属于政府补助，该款项与具有明确商业实质的交易相关，不是公司自国家无偿取得的现金流入，应作为企业正常销售价款的一部分。

更正分录如下：

借：营业外收入　　2 000

　　贷：营业收入（主营业务收入）　　2 000

（2）甲公司对事项（2）的会计处理不完全正确。理由：第一类合同本质上属于收取手续费方式的委托代销，在中间商未对外实际销售前，并未取得商品的控制权，不能确认收入，也不能确认与未销售商品相关的手续费。

更正分录如下：

借：存货（发出商品）　　48

　　贷：营业成本（主营业务成本）　　48

借：营业收入（主营业务收入）　　60

　　贷：应收账款　　60

借：应付账款　　4

　　贷：销售费用　　4

（3）甲公司对事项（3）的会计处理不正确。

理由：以自产产品用于职工福利，应按照产品的售价确认收入，同时确认应付职工薪酬。同时，应按照员工服务的受益对象进行分配，服务于研发项目人员相关的部分应计入所研发资产的成本。

更正分录如下：

借：开发支出（研发支出——资本化支出） 20
　　管理费用 80
　　贷：应付职工薪酬 100
借：应付职工薪酬 100
　　贷：营业收入（主营业务收入） 100
借：营业成本（主营业务成本） 75
　　贷：管理费用 75

（4）甲公司对事项（4）的会计处理不正确。

理由：甲公司在编制2×22年财务报表时，按照当时初步和解意向确认1 000万元预计负债不存在会计差错。后因情况变化导致法院判决结果与原预计金额存在的差额属于新发生情况，所承担损失的金额与原预计负债之间的差额应计入发生当期损益，不应追溯调整以前期间。

更正分录如下：

借：营业外支出 2 000
　　贷：盈余公积 200
　　　　利润分配——未分配利润 1 800

（5）甲公司对事项（5）的会计处理不正确。

理由：其他权益工具投资不需要确认减值损失，公允价值的变动计入其他综合收益。

更正分录如下：

借：其他综合收益 400
　　贷：信用减值损失 200
　　　　其他权益工具投资——公允价值变动 200

2.【答案】

（1）甲公司个别财务报表中长期股权投资的账面价值＝600＋3 000＝3 600（万元）

会计分录如下：

借：长期股权投资 3 000
　　贷：银行存款 3 000
借：管理费用 100
　　贷：银行存款 100

甲公司合并财务报表中的商誉＝甲公司原持有股权的公允价值＋新增的投资成本－乙公司可辨认净资产公允价值的份额＝1 500＋3 000－3 000×90%＝4 500－2 700＝1 800（万元）

该交易对甲公司合并财务报表的损益影响金额＝－100＋(1 500－600)＝800（万元）

（2）自2×23年1月1日起，甲公司对乙公司持股90%并采用成本法核算。对乙公司宣告分配的现金股利按照应享有的份额确认投资收益，不区分是属于取得投资之前的利润还是取得投资之后的利润。

对乙公司提取盈余公积和以未分配利润转增股本，不属于分配现金股利或利润，甲公司不进行会计处理。

甲公司应确认的投资收益＝900×90%＝81（万元），会计分录如下：

借：应收股利——乙公司　　81
　　贷：投资收益　　81

（3）会计分录如下：

借：无形资产——土地使用权累计摊销　　100
　　长期股权投资　　1 000
　　贷：无形资产——土地使用权成本　　500
　　　　资产处置损益　　600

借：投资收益　　（600 ×50%）300
　　贷：长期股权投资　　300

借：长期股权投资　　117.50
　　贷：投资收益　　［（220 +25 -10）×50%］117.50

（4）甲公司对丁公司的初始投资成本 =4 000（万元）

会计分录如下：

借：长期股权投资　　4 000
　　贷：银行存款　　4 000

丁公司自身报表中该办公楼的年折旧额 =20 000/40 =50（万元）

购买日办公楼的账面价值 =2 000/40 ×20 =1 000（万元）

购买日办公楼的公允价值 =1 000 +3 000 =4 000（万元）

基于购买日公允价值计算的办公楼年折旧额 =4 000/20 =200（万元）

在进行权益法核算时，应该将丁公司的年度净利润调减 150 万元。

甲公司应确认投资收益 =（丁公司净利润 + 基于公允价值的折旧调整）× 甲公司持股比例
=（900 -150）×40% =750 ×40% =300（万元）

甲公司在权益法下应享有的丁公司其他综合收益的份额 = 丁公司其他综合收益 × 甲公司的持股比例
=200 ×40% =80（万元）

会计分录如下：

借：长期股权投资　　300
　　贷：投资收益　　300

借：长期股权投资　　80
　　贷：其他综合收益　　80

或：

借：长期股权投资　　380
　　贷：投资收益　　300
　　　　其他综合收益　　80

四、综合题

1.【答案】

（1）甲公司生产线建造工程借款费用的资本化期间为：2 ×22 年 1 月 2 日至 2 ×22 年 8 月 31 日（9 月 1 日至 12 月 31 日期间暂停）、2 ×23 年 1 月 1 日至 2 ×23 年 3 月 31 日。

理由：2×22 年 1 月 2 日资产支出发生、借款费用发生、有关建造活动开始，符合借款费用开始资本化的条件；9 月 1 日至 12 月 31 日期间因事故停工且超过 3 个月，应暂停资本化；2×23 年 3 月 31 日试生产出合格产品，已达到预定可使用状态，应停止借款费用资本化。

（2）3 000×5%×(P/A,r,3)+3 000×(P/F,r,3)=2 919.75

当 r=6% 时：

3 000×5%×（P/A,6%,3）+3 000×（P/F,6%,3）=3 000×5%×2.6730+3 000×0.8396=2 919.75

计算得出实际利率 r=6%。

借：银行存款　　2 919.75

　　应付债券——利息调整　　80.25

　　贷：应付债券——面值　　3 000

（3）2×22年专门借款利息资本化金额=2 919.75×6%×8/12－(2 919.75－1 000)×0.5%×4－(2 919.75－1 000－1 600)×0.5%×3=73.60（万元）

2×22 年专门借款利息费用化金额=2 919.75×6%×4/12=58.39（万元）

2×22年一般借款资本化率=(2 000×6%+3 000×7%)/(2 000+3 000)=6.6%

2×22年累计资产支出加权平均数=（1 000+1 600+1 400－2 919.75）×1/12=90.02（万元）；

2×22 年一般借款利息资本化金额=90.02×6.6%=5.94（万元）

2×22 年一般借款利息总额=2 000×6%+3 000×7%=330（万元）

2×22 年一般借款利息费用化金额=330－5.94=324.06（万元）

借：在建工程　　4 000

　　贷：银行存款　　4 000

借：在建工程　　73.60

　　财务费用　　58.39

　　应收利息　　43.2

　　贷：应付利息　　150

　　　　应付债券——利息调整　　25.19

借：在建工程　　5.94

　　财务费用　　324.06

　　贷：应付利息（或银行存款）　　330

（4）2×23 年专门借款利息资本化金额=2 944.94×6%×3/12=44.17（万元）

2×23 年专门借款利息费用化金额=2 944.94×6%×9/12=132.52（万元）

2×23 年一般借款利息资本化金额=2 280.25×6.6%×3/12=37.62（万元）

2×23 年一般借款利息费用化金额=2 000×6%×9/12+3 000×7%×5/12－37.62=139.88（万元）

2×23 年借款费用资本化金额=44.17+37.62=81.79（万元）

固定资产=4 079.54+1 200+44.17+37.62=5 361.33（万元）

借：在建工程　　1 200

贷：银行存款 1 200

借：在建工程 44.17

财务费用 132.52

贷：应付利息 150

应付债券——利息调整 26.69

借：在建工程 37.62

财务费用 139.88

贷：应付利息 177.5

借：固定资产 5 361.33

贷：在建工程 5 361.33

2. 【答案】

（1）①甲公司出售乙公司股权后对乙公司的投资采用权益法进行后续计量。

理由：甲公司出售乙公司股权后在乙公司董事会中派出一名代表，对乙公司财务和经营决策具有重大影响。

②甲公司出售乙公司股权在其个别财务报表中应确认的投资收益 = 10 000 - 11 000 × 60% = 3 400（万元）

借：银行存款 10 000

贷：长期股权投资——乙公司 6 600

投资收益 3 400

③甲公司出售乙公司股权在其合并财务报表中应确认的投资收益 = [（10 000 + 6 500）-（15 000 + 2 000 - 4 000 ÷ 16 + 400）× 70% -（11 000 - 15 000 × 70%）] + 400 × 70% =（16 500 - 12 005 - 500）+ 280 = 4 275（万元）

借：长期股权投资——乙公司 6 500

贷：长期股权投资——乙公司 （11 000 - 6 600 + 602）5 002

投资收益 1 498

借：投资收益 903

贷：年初未分配利润 367.5

投资收益 [（2 000 - 4 000/16）× 6/12 × 42%] 367.5

其他综合收益 （400 × 42%）168

借：其他综合收益 （个别报表 112 + 合并报表 168）280

贷：投资收益 280

④甲公司因持有乙公司股权比例下降对其长期股权投资账面价值调整相关会计分录：

借：长期股权投资——乙公司 602

贷：盈余公积 24.5

利润分配——未分配利润 220.5

投资收益 [（2 000 - 4 000/16）× 6/12 × 28%] 245

其他综合收益 （400 × 28%）112

（2）①甲公司出售丙公司股权在其个别财务报表中应确认的投资收益 = 3 500 - 30 000 × 10% = 500（万元）

②甲公司出售丙公司股权并未丧失控制权情况下，在合并财务报表中的处理原则为：处置价款与处置长期股权投资相对应享有丙公司持续计算净资产份额的差额计入所有者权益（资本公积——资本溢价或股本溢价），资本公积不足冲减的，调整留存收益。

③甲公司出售丙公司股权在其合并资产负债表中应计入所有者权益（资本公积）的金额 = 3 500 − (30 000 + 4 500) × 10% = 50（万元）

(3) ①甲公司对丁公司投资于出售日前的账面价值 = 2 000 + (4 800 − 300) × 24% = 3 080（万元）

②甲公司出售丁公司股权应确认的投资收益 = (1 900 − 1 540) + (1 900 − 1 540) − 72 = 648（万元）

③编制甲公司出售丁公司股权相关的会计分录：

借：银行存款　　1 900
　　贷：长期股权投资——丁公司　　(3 080 × 50%) 1 540
　　　　投资收益　　360

借：交易性金融资产　　1 900
　　贷：长期股权投资——丁公司　　(3 080 − 1 540) 1 540
　　　　投资收益　　360

借：投资收益　　72
　　贷：其他综合收益　　(300 × 24%) 72

2024 年注册会计师全国统一考试
《会计》全真模拟试题（四）

一、单项选择题（共 13 个小题，每个小题 2 分，共 26 分）

1. 甲公司在编制 2×23 年度财务报表时，发现 2×22 年度某项管理用无形资产未摊销，应摊销金额 10 万元，甲公司将该 10 万元补记的摊销额计入 2×23 年度的管理费用，甲公司 2×22 年和 2×23 年实现的净利润分别为 20 000 万元和 25 000 万元，不考虑其他因素，甲公司上述会计处理体现的会计信息质量要求是（　　）。

A. 重要性　　B. 相关性　　C. 可比性　　D. 及时性

2. 甲公司为制造业企业，其在日常经营活动中发生的下列费用或损失，应当计入存货成本的是（　　）。

A. 仓库保管人员的工资

B. 季节性停工期间发生的制造费用

C. 未使用管理用固定资产计提的折旧

D. 采购运输过程中因自然灾害发生的损失

3. 甲公司计划出售一项固定资产，该资产于 2×23 年 6 月 30 日被划分为持有待售类别，公允价值为 320 万元，预计出售费用为 5 万元。该资产购买于 2×16 年 12 月 11 日，原值为 1 000 万元，预计净残值为零，预计使用寿命为 10 年，采用年限平均法计提折旧，取得时已达到预定可使用状态。不考虑其他因素，该项资产 2×23 年 6 月 30 日应予列报的金额是（　　）。

A. 315 万元　　B. 320 万元　　C. 345 万元　　D. 350 万元

4. 长江公司为一家多元化经营的综合性集团公司，不考虑其他因素，其纳入合并范围的下列子公司对所持有土地使用权的会计处理中，不符合会计准则规定的是（　　）。

A. 子公司甲为房地产开发企业，将土地使用权取得成本计入所建造商品房成本

B. 子公司乙将取得的用于建造厂房的土地使用权在建造期间的摊销计入当期管理费用

C. 子公司丙将持有的土地使用权对外出租，租赁期开始日停止摊销并转为采用公允价值进行后续计量

D. 子公司丁将用作办公用房的外购房屋价款按照房屋建筑物和土地使用权的相对公允价值分别确认为固定资产和无形资产，采用不同的年限计提折旧或摊销

5. 下列各项中，应当进行追溯调整会计处理的是（　　）。

A. 分类为权益工具的金融工具因不再满足规定条件重分类为金融负债

B. 划分为持有待售的固定资产不再满足持有待售条件而不再继续划分为持有待售类别

C. 划分为持有待售的对联营企业投资因不再满足持有待售条件而不再继续划分为持有待售类别

D. 债权投资重分类为其他债权投资

6. 2×23 年 1 月 1 日，甲公司开始建造生产线，为购建生产线借入 3 年期专门借款 3 000 万元，年利率为6%，当年度发生与购建生产线相关的支出包括：1 月 1 日支付材料款 1 800 万元，3 月 1 日支付工程进度款 1 600 万元，9 月 1 日支付工程进度款 2 000 万元。甲公司将暂时未使用的专门借款用于货币市场投资，月利率为 0.5%，除专门借款外，甲公司尚有两笔一般借款：一笔是 2×22 年 10 月借入的 2 年期借款 2 000 万元，年利率为 5.5%；另一笔为 2×23 年 1 月 1 日借入的 1 年期借款 3 000 万元，年利率为 4.5%。假定上述借款的实际利率与名义利率相同，不考虑其他因素，甲公司 2×23 年度应予资本化的一般借款利息金额为（　　）。

A. 49 万元　　B. 45 万元　　C. 60 万元　　D. 55 万元

7. 下列各项关于预计负债的表述中，正确的是（　　）。

A. 预计负债是企业承担的潜在义务

B. 与预计负债相关支出的时间或金额具有一定的不确定性

C. 预计负债计量应考虑未来期间相关资产预期处置损失的影响

D. 预计负债应按相关支出的最佳估计数减去基本确定能够收到的补偿后的净额计量

8. 2×22 年 2 月 5 日，甲公司以 7 元/股的价格购入乙公司股票 100 万股，支付手续费 1.4 万元。甲公司将该股票投资分类为以公允价值计量且其变动计入当期损益的金融资产。2×22 年 12 月 31 日，乙公司股票价格为 9 元/股。2×23 年 2 月 20 日，乙公司分配现金股利，甲公司获得现金股利 8 万元；3 月 20 日，甲公司以 11.6 元/股的价格将其持有的乙公司股票全部出售。不考虑其他因素，甲公司因持有乙公司股票在 2×23 年确认的投资收益是（　　）。

A. 260 万元　　B. 268 万元　　C. 466.6 万元　　D. 468 万元

9. 2×23 年 6 月，甲公司与乙公司签订股权转让框架协议，协议约定：将甲公司持有的丁公司 20% 的股权转让给乙公司，转让价款为 7 亿元，乙公司分为三次支付。2×23 年支付了第一笔款项 2 亿元。为了保证乙公司的利益，甲公司于 2×23 年 11 月将其持有的丁公司的 5% 股权过户给乙公司，但乙公司暂时并不拥有与该 5% 股权对应的表决权和利润分配权。假定甲公司和乙公司不存在关联方关系。不考虑其他因素，下列关于甲公司 2×23 年会计处理的表述中，正确的是（　　）。

A. 将实际收到的价款确认为负债

B. 将甲公司与乙公司签订的股权转让协议作为或有事项在财务报表附注中披露

C. 将实际收到价款与所对应的 5% 股权投资账面价值的差额确认为股权转让损益

D. 将转让总价款与对丁公司 20% 股权投资账面价值的差额确认为股权转让损益，未收到的转让款确认为应收款

10. 下列不构成承租人租赁付款额组成内容的是（　　）。

A. 固定付款额及实质固定付款额

B. 取决于指数或比率的可变租赁付款额

C. 独立于承租人和出租人的第三方担保的资产余值

D. 根据承租人提供的担保余值预计应支付的款项

11. 下列关于负债流动性划分的表述中，不正确的是（　　）。

A. 资产负债表日之后（即使是财务报告批准报出日前）的再融资、展期或提供宽限期等行为，与资产负债表日判断负债的流动性状况无关

B. 企业拥有将清偿义务推迟至资产负债表日后一年以上的实质性权利的，应当归类为非流动负债；没有上述实质性权利的，即使在资产负债表日后、财务报告批准报出日前签订了重新安排清偿计划协议，该项负债在资产负债表日仍应当归类为流动负债

C. 对于符合非流动负债划分条件的负债，如果企业有意图或者计划在资产负债表日后一年内（含一年，下同）提前清偿该负债，或者在资产负债表日至财务报告批准报出日之间已提前清偿该负债，该负债仍应归类为流动负债

D. 负债的条款导致企业在交易对手方选择的情况下通过交付自身权益工具进行清偿的，如果该企业按照《企业会计准则第37号——金融工具列报》的规定将上述选择权分类为权益工具并将其作为复合金融工具的权益组成部分单独确认，则该条款不影响该项负债的流动性划分

12. 下列各项关于甲公司2×23年发生的交易或事项中，其会计处理会影响当年度甲公司合并所有者权益变动表留存收益项目本年年初金额的是（　　）。

A. 上年末资产的流动性与非流动性划分发生重要差错，本年予以更正

B. 收购受同一母公司控制的乙公司70%股权（至收购时已设立5年，持续盈利且尚未向投资者分配），交易符合作为同一控制下企业合并处理的条件

C. 自公开市场进一步购买联营企业股权，将持股比例40%增加到60%并能够对其实施控制

D. 根据外在条件变化，将原作为使用寿命不确定的无形资产调整为使用寿命为10年并按直线法摊销

13. 甲公司2×22年度归属于普通股股东的净利润为1 200万元，发行在外的普通股加权平均数为2 000万股，当年度该普通股平均市场价格为每股5元。2×22年1月1日，甲公司对外发行认股权证1 000万份，行权日为2×23年6月30日，每份认股权可以在行权日以3元的价格认购甲公司1股新发的股份。甲公司2×22年度稀释每股收益金额是（　　）。

A. 0.4元　　B. 0.46元　　C. 0.5元　　D. 0.6元

二、多项选择题（共12个小题，每个小题2分，共24分）

1. 下列关于固定资产折旧会计处理的表述中，正确的有（　　）。

A. 处于季节性修理过程中的固定资产在修理期间应当停止计提折旧

B. 已达到预定可使用状态但尚未办理竣工决算的固定资产应当按暂估价值计提折旧

C. 自用固定资产转为成本模式后续计量的投资性房地产后仍应当计提折旧

D. 与固定资产有关的经济利益预期消耗方式发生重大改变的，应当调整折旧方法

2. 下列资产分类或转换的会计处理中，符合会计准则规定的有（　　）。

A. 将投资性房地产的后续计量由公允价值模式转为成本模式

B. 因签订不可撤销的出售协议（假定为全部出售），将对联营企业投资终止采用权益法并作为持有待售资产列报

C. 对子公司失去控制或重大影响导致将长期股权投资转换为其他权益工具投资

D. 因业务管理模式变化导致债权投资转为其他债权投资

3. 下列各项资产计提的减值准备中，在相关资产持有期间内可以转回的有（　　）。

A. 存货跌价准备

B. 长期应收款坏账准备

C. 长期股权投资减值准备

D. 其他债权投资计提的减值

4. 2×24 年 1 月 1 日，甲公司初次购买增值税税控系统专用设备，取得的增值税专用发票注明的价款为 300 万元，增值税额为 39 万元。甲公司将购买的增值税税控系统专用设备作为固定资产核算和管理。当年，甲公司计提增值税税控系统专用设备折旧 80 万元，发生技术维护费 50 万元。不考虑其他因素，下列各项关于甲公司上述交易或事项会计处理的表述中，正确的有（　　）。

A. 购买增值税税控系统专用设备支付的增值税额 39 万元计入当期管理费用

B. 发生的 50 万元技术维护费计入当期管理费用

C. 购买增值税税控系统专用设备支付的价款及增值税额 339 万元计入固定资产的成本

D. 计提的 80 万元折旧计入当期管理费用

5. 甲公司为乙公司的母公司，其所控制的企业集团内 2×23 年发生以下与股份支付相关的交易或事项：（1）甲公司与乙公司高管签订协议，授予乙公司高管 100 万份股票期权，待满足行权条件时，乙公司高管可以每股 4 元的价格自甲公司购买乙公司股票；（2）乙公司授予其研发人员 20 万份现金股票增值权，这些研发人员在乙公司连续服务 2 年，即可按照乙公司股价的增值幅度获得现金；（3）乙公司自市场回购本公司股票 100 万股，并与销售人员签订协议，如未来 3 年销售业绩达标，销售人员将无偿取得该部分股票。（4）乙公司向丁公司发行 500 万股本公司股票；作为支付丁公司为乙公司提供咨询服务的价款。不考虑其他因素，下列各项中，乙公司应当作为以权益结算的股份支付的有（　　）。

A. 乙公司高管与甲公司签订的股份支付协议

B. 乙公司与本公司销售人员签订的股份支付协议

C. 乙公司与本公司研发人员签订的股份支付协议

D. 乙公司以定向发行本公司股票取得咨询服务的协议

6. 2×23 年 9 月末，甲公司董事会通过一项决议，拟将持有的一项闲置管理用设备对外出售。该设备为甲公司于 2×21 年 7 月购入，原价为 6 000 万元，预计使用 10 年，预计净残值为零，至董事会决议出售时已计提折旧 1 350 万元，未计提减值准备。甲公司当日与独立第三方签订出售协议，拟将该设备以 4 100 万元的价格出售给独立第三方，预计出售过程中将发生的处置费用为 100 万元。至 2×23 年 12 月 31 日，该设备出售尚未完成，但甲公司预计将于 2×24 年第一季度完成。不考虑其他因素，下列各项关于甲公司因设备对其财务报表影响的表述中，正确的有（　　）。

A. 甲公司 2×23 年 9 月末因持有该设备应计提 650 万元减值准备

B. 该设备在2×23年末资产负债表中应以4 000万元的金额列报为流动资产

C. 甲公司2×23年末资产负债表中因该交易应确认4 100万元应收款

D. 甲公司2×23年末资产负债表中因该交易应确认资产处置损益－650万元

7. 下列各项关于已确认的政府补助需要退回的会计处理的表述中，正确的有（　　）。

A. 初始确认时冲减资产账面价值的，调整资产账面价值

B. 初始确认时冲减相关成本费用或营业外支出的，直接计入当期损益

C. 初始确认时计入其他收益或营业外收入的，直接计入当期损益

D. 初始确认时确认为递延收益的，冲减相关递延收益账面余额，超过部分计入当期损益

8. 甲公司为房地产开发企业，下列各项具有商业实质的资产交易中，甲公司不适用《企业会计准则第7号——非货币性资产交换》的有（　　）。

A. 甲公司以其拥有的一项专利权换取戊公司的十台机器设备

B. 甲公司以其一栋已开发完成的商品房换取己公司的一块土地

C. 甲公司以其持有的乙公司5%的股权换取丙公司的一块土地

D. 甲公司以其一套用于经营出租的公寓换取丁公司以交易为目的的10万股股票

9. 对外币财务报表进行折算时，下列项目中，应当采用期末资产负债表日的即期汇率进行折算的有（　　）。

A. 盈余公积

B. 未分配利润

C. 长期股权投资

D. 交易性金融资产

10. 下列各项资产负债表日后事项中，属于调整事项的有（　　）。

A. 资本公积转增资本

B. 以前期间销售的商品发生退回

C. 发现的以前期间财务报表的重大差错

D. 资产负债表日存在的诉讼案件结案对原预计负债金额的调整

11. 甲公司持有非上市的乙公司5%股权。以前年度，甲公司采用上市公司比较法、以市盈率为市场乘数估计所持乙公司股权投资的公允价值。由于客观情况发生变化，为使计量结果更能代表公允价值，甲公司从2×24年1月1日起变更估值方法，采用以市净率为市场乘数估计所持乙公司股权投资的公允价值。甲公司对于上述估值方法的变更，不正确的会计处理方法有（　　）。

A. 作为会计估计变更进行会计处理，并按照《企业会计准则第28号——会计政策、会计估计变更和差错更正》的规定对会计估计变更进行披露

B. 作为前期差错更正进行会计处理，并按照《企业会计准则第28号——会计政策、会计估计变更和差错更正》的规定对前期差错更正进行披露

C. 作为会计估计变更进行会计处理，并按照《企业会计准则第39号——公允价值计量》的规定对估值技术及其应用的变更进行披露

D. 作为会计政策变更进行会计处理，并按照《企业会计准则第28号——会计政策、会计估计变更和差错更正》的规定对会计政策变更进行披露

12. 下列各项关于政府单位特定业务会计核算的一般原则中，正确的有（　　）。

A. 除另有规定外，单位预算会计采用收付实现制

B. 对于单位应上缴财政的现金所涉及的收支业务，进行预算会计处理

C. 政府单位财务会计实行权责发生制

D. 对于纳入部门预算管理的现金收支业务，同时进行财务会计和预算会计核算

三、计算分析题（共2个小题，每个小题9分，共18分）

1. 甲股份有限公司（以下简称“甲公司”）于2×21年开始对高管人员进行股权激励，具体情况如下：

（1）2×21年1月2日，甲公司与50名高管人员签订股权激励协议并经股东大会批准。协议约定：甲公司向每名高管授予120 000份股票期权，每份期权于到期日可以8元/股的价格购买甲公司1股普通股。该股票期权自股权激励协议签订之日起3年内分三期平均行权，即该股份支付协议包括等待期分别为1年、2年和3年的三项股份支付安排：2×21年年末，甲公司实现的净利润较上一年度增长8%（含8%）以上，在职的高管人员持有的股票期权中每人可行权40 000份；2×22年年末，如果甲公司2×21、2×22连续两年实现的净利润增长达到8%（含8%）以上，在职的高管人员持有的股票期权中每人可行权40 000份；2×23年年末，如果甲公司连续三年实现的净利润增长达到8%（含8%）以上，则高管人员持有的剩余股票期权可予行权。

当日，甲公司估计授予高管人员的股票期权公允价值为5元/份。

（2）2×21年，甲公司实现净利润12 000万元，较2×20年增长9%，预计股份支付剩余等待期内净利润仍能够以同等速度增长。2×21年甲公司普通股平均市场价格为12元/股。2×21年12月31日，甲公司所授予股票期权的公允价值为5元/份。

2×21年，与甲公司签订了股权激励协议的高管人员没有离职，预计后续期间也不会离职。

（3）2×22年3月20日，甲公司50名高管人员将至2×21年年末到期可行权股票期权全部行权。

2×22年，甲公司实现净利润13 200万元，较2×21年增长10%。2×22年没有高管人员离职，预计后续期间也不会离职。2×22年12月31日，甲公司所授予股票期权的公允价值为3.5元/份。

其他有关资料：

甲公司2×21年1月1日发行在外普通股为5 000万股，假定各报告期未发生其他影响发行在外普通股股数变动的事项，且公司不存在除普通股外其他权益工具。

不考虑相关税费及其他因素。

要求：

（1）确定甲公司该项股份支付的授予日，计算甲公司2×21、2×22年就该股份支付应确认的费用金额，并编制相关会计分录。

（2）编制甲公司高管人员2×22年就该股份支付行权的会计分录。

（3）计算甲公司2×21年基本每股收益。

2. 甲股份有限公司（以下简称“甲公司”）2×24年发生了以下交易事项：

（1）2月1日，与其他方签订租赁合同，将本公司一栋原自用现已闲置的办公楼对外出租，年租金为120万元，自当日起租。甲公司该办公楼原价为1 000万元，至出租日累计折旧400万元，未计提减值。甲公司对投资性房地产采用公允价值模式进行后续计量，出租日

根据同类资产的市场状况估计其公允价值为 2 000 万元。

12 月 31 日，该办公楼的公允价值为 2 080 万元。甲公司已一次性收到第一年租金 120 万元。

（2）甲公司为资源开采型企业，按照国家有关规定需计提安全生产费用，当年度计提安全生产费 800 万元，用已计提的安全生产费购置安全生产设备 200 万元。

（3）6 月 24 日，甲公司与包括其控股股东 P 公司及债权银行在内的债权人签订债务重组协议，约定对于甲公司欠该部分债权人的债务按照相同比例予以豁免，其中甲公司应付银行短期借款本金余额为 3 000 万元，应付控股股东款项 1 200 万元，对于上述债务，协议约定甲公司应于 2×24 年 6 月 30 日前按照余额的 80% 偿付，余款予以豁免。

6 月 28 日，甲公司偿付了上述有关债务。

9 月 20 日，为帮助甲公司度过现金流危机，甲公司控股股东 P 公司代其支付了 600 万元的原料采购款，并签订协议约定 P 公司对于所承担债务将不以任何方式要求甲公司偿还或增加持股比例。

（4）7 月 1 日，甲公司以一项对子公司股权投资换取丙公司 30% 股权，甲公司对该子公司股权投资的账面价值为 2 800 万元，双方协商确定的公允价值为 3 600 万元。当日，甲公司即向丙公司董事会派出成员参与其生产经营决策。购买日，丙公司可辨认净资产公允价值为 15 000 万元，账面价值为 12 000 万元，公允价值与账面价值的差额源自一项土地使用权增值，该项土地使用权在丙公司的账面价值为 3 000 万元，未计提减值，预计未来仍可使用 30 年，预计净残值为零，采用直线法摊销。

丙公司 2×24 年个别财务报表中实现净利润 2 400 万元，有关损益在年度当中均衡实现。自甲公司取得对丙公司股权之日起，丙公司原持有的一项其他权益工具投资至年末公允价值上升 60 万元。

其他有关资料：不考虑相关税费及其他因素。

要求：

（1）编制甲公司 2×24 年有关交易事项的会计分录。

（2）计算甲公司个别财务报表中 2×24 年因上述交易事项应确认的投资收益、营业外收入、资本公积及其他综合收益的金额。

四、综合题（共 2 个小题，每个小题 16 分，共 32 分）

1. 甲公司为境内上市公司，2×22 年度及以前年度适用的企业所得税税率为 15%，2×23 年度起适用的企业所得税税率为 25%。2×21 年度至 2×23 年度，甲公司发生的有关交易或事项如下：

（1）2×21 年 1 月 1 日，以 5 000 万元从二级市场购入乙公司当日发行的 2 年期公司债券，该债券票面价值为 5 000 万元，票面年利率为 4%（等于实际利率），每年 12 月 31 日付息，到期还本；以 1 200 万元购入丙公司（非上市公司）10% 股权，对丙公司不具有控制、共同控制和重大影响；以 500 万元从二级市场购入一组股票组合。甲公司对金融资产在组合层次上确定业务模式并进行分类：

对于持有的 2 000 万元乙公司债券的管理是以收取合同现金流量为目标的业务模式；对于持有的 3 000 万元乙公司债券，其业务模式是为收取合同现金流量并满足流动性需求，即甲公司对该部分债券以收取合同现金流量进行日常管理，但当甲公司资金发生紧缺时，将出售该债券，以保证经营所需的流动资金；对持有的丙公司股权进行指定，除了持有该股份分得的现金股利外，该投资价值的任何变动以及处置均不影响净利润；对于股票组合，以公允价值进行管理，并与投资人员的业绩挂钩。

2×21 年 12 月 31 日，2 000 万元乙公司债券的公允价值为 2 100 万元；3 000 万元乙公司债券的公允价值为 3 150 万元；对丙公司股权投资的公允价值为 1 300 万元，预计下一年末仍会持有该投资，且其公允价值会继续上升；股票组合的公允价值为450 万元，预计下一年末仍会持有该股票组合，且其公允价值会上升至500 万元以上。

（2）2×21 年 6 月 20 日，甲公司购入一台研发设备并投入使用，设备价款为 480 万元。该设备预计使用 5 年，预计净残值为零，采用年限平均法计提折旧。税法规定企业购入研发设备价格小于 500 万元，可一次性税前扣除。

（3）2×22 年 4 月 1 日，甲公司购买了丁公司 55% 股权，能够对丁公司实施控制。甲公司购入丁公司相关资产中某项新技术研发项目已开始资本化，购买日的公允价值为 800 万元，经评估该研发项目是否能够最终完成并形成无形资产在技术方面尚不确定，故甲公司于购买日未将该项目作为资产予以确认，并在此基础上确认商誉 3 500 万元。

2×22 年 12 月 10 日，甲公司的技术人员经研究后发现，继续研发该项目从技术角度分析是完全可以实现的，且预计该研发项目完成后能给甲公司未来的经营带来较大的利益。为此，甲公司董事会决定继续投入足够的资金和技术力量对该项目进行开发。

（4）2×22 年 12 月 31 日，甲公司收回了 5 000 万元乙公司债券本金及最后 1 年利息；对丙公司股权投资的公允价值为 1 500 万元；股票组合的公允价值为 550 万元。

（5）2×23 年 12 月 30 日，甲公司出售对上述丙公司的股权投资，取得价款 1 800 万元。

其他相关资料：

第一，2×21 年初，甲公司可抵扣暂时性差异为 1 200 万元，其中，2×22 年度转回的金额为 200 万元，其余金额于 2×23 年以后年度转回；应纳税暂时性差异为 2 500 万元，于 2×23 年以后年度转回。对于上述暂时性差异，甲公司已于 2×21 年以前全部确认递延所得税，并计入当年度损益。未来期间能够取得足够的应纳税所得额利用可抵扣暂时性差异。

第二，根据税法规定，甲公司购买丁公司 55% 股权的合并为应税合并。

第三，甲公司按照 10% 计提盈余公积。

要求：

（1）根据资料（1），说明甲公司购入的各项金融资产在初始确认时应当如何分类，并陈述理由。

（2）计算甲公司 2×21 年末递延所得税资产、递延所得税负债的账面余额，以及 2×21 年度应确认的递延所得税资产、递延所得税负债，并编制与递延所得税相关的会计分录。

（3）根据资料（3），说明甲公司在其 2×22 年度合并财务报表中对于丁公司的新技术研发项目应如何进行会计处理；计算甲公司在 2×22 年末合并资产负债表中商誉的列报金额。

（4）计算甲公司 2×22 年末递延所得税资产、递延所得税负债的账面余额。

（5）根据资料（5），计算甲公司 2×23 年度因出售对丙公司股权投资应确认的投资收益金额，并编制相关的会计分录。

2. 甲公司为我国境内注册的上市公司，其主要客户在我国境内。

资料一：

（1）甲公司出于长期战略考虑，2×21年1月1日以1 200万欧元购买了在德国注册的乙公司发行在外的80%股份，计500万股，并自当日起能够控制乙公司的财务和经营政策。为此项合并，甲公司另支付相关审计、法律等费用200万元人民币。乙公司所有客户都位于意大利，以欧元作为主要结算货币，且与当地的银行保持长期良好的合作关系，其借款主要从当地银行借入。考虑到原管理层的能力、业务熟悉程度等，甲公司完成收购交易后，保留了乙公司原管理层的所有成员。

2×21年1月1日，乙公司可辨认净资产公允价值为1 250万欧元；欧元与人民币之间的即期汇率为：1欧元=8.8元人民币。2×21年度，乙公司以购买日可辨认净资产公允价值为基础计算发生的净亏损为300万欧元。乙公司的利润表在折算为母公司记账本位币时，按照平均汇率折算。其他相关汇率信息如下：2×21年12月31日，1欧元=9元人民币；2×21年度平均汇率，1欧元=8.85元人民币。甲公司有确凿的证据认为对乙公司的投资没有减值迹象，并自购买日起对乙公司的投资按历史成本在个别资产负债表中列报。

（2）为保障甲公司的原材料供应，2×21年7月1日，甲公司发行1 000万股普通股换取丙公司原股东持有的丙公司20%有表决权股份。甲公司取得丙公司20%有表决权股份后，派出一名代表作为丙公司董事会成员，参与丙公司的财务和经营决策。丙公司注册地为我国境内某省，以人民币为记账本位币。股份发行日，甲公司每股股份的市场价格为2.5元，发行过程中支付券商手续费50万元；丙公司可辨认净资产的公允价值为13 000万元，账面价值为12 000万元，其差额为丙公司一项无形资产增值。该无形资产预计尚可使用5年，预计净残值为零，按直线法摊销。

2×21年度，丙公司按其净资产账面价值计算实现的净利润为1 200万元，其中，1至6月份实现净利润500万元；无其他所有者权益变动事项。甲公司在本交易中发行1 000万股股份后，发行在外的股份总数为15 000万股，每股面值为1元。

甲公司在购买乙公司、丙公司的股份之前，与他们不存在关联方关系。

资料二：2×21年度甲公司其他相关业务的情况说明

（1）1月1日，甲公司与境内子公司丁公司签订租赁协议，将甲公司一栋办公楼出租给丁公司，租赁期开始日为协议签订日，年租金为85万元，租赁期为10年。丁公司将租赁的资产作为其办公楼。甲公司将该栋出租办公楼作为投资性房地产核算，并按公允价值进行后续计量。该办公楼租赁期开始日的公允价值为1 660万元，2×21年12月31日的公允价值为1 750万元。该办公楼于2×20年6月30日达到预定可使用状态并交付使用，其建造成本为1 500万元，预计使用年限为20年，预计净残值为零。甲公司对所有固定资产按年限平均法计提折旧。

（2）在甲公司个别财务报表中，2×21年12月31日应收乙公司账款500万元，已计提坏账准备20万元。

要求：

（1）根据资料一：

①计算甲公司购买乙公司、丙公司股权的成本，并说明由此发生的相关费用的会计处理原则。

②计算甲公司购买乙公司所产生的商誉金额，并简述商誉减值测试的相关规定。

③计算乙公司2×21年度财务报表折算为母公司记账本位币时的外币报表折算差额。

④简述甲公司发行权益性证券对其所有者权益的影响，并编制相关会计分录。

⑤简述甲公司对丙公司投资的后续计量方法及理由，计算对初始投资成本的调整金额，以及期末应确认的投资收益金额。

（2）根据资料二：

①简述甲公司出租办公楼在合并财务报表中的处理及理由，并编制相关调整分录。

②简述甲公司应收乙公司账款在合并财务报表中的处理及理由，并编制相关抵销分录（不考虑使用权资产与租赁负债的抵销）。

2024年注册会计师全国统一考试
《会计》全真模拟试题（四）参考答案及解析

一、单项选择题

1.【答案】A

【解析】甲公司将补提以前年度的摊销额直接计入当期报表，没有追溯调整以前年度报表，说明该金额不具有重要性，因为10万元的金额没有达到重要性程度（10/20 000 = 0.05%），属于不重要的前期差错，视同本期差错计入当期损益，所以体现重要性会计信息质量要求。

2.【答案】B

【解析】选项A、C、D均应当计入当期损益，选项B为产品生产过程中的必要费用，应当计入存货成本。

3.【答案】A

【解析】2×23年6月30日，甲公司该项资产划分为持有待售类别时的账面价值 = 1 000 - 1 000/10×6.5 = 350（万元）；公允价值减去出售费用后的净额 = 320 - 5 = 315（万元），应对该项资产计提减值准备 = 350 - 315 = 35（万元），故该持有待售资产在资产负债表中列示金额应为315万元。

4.【答案】B

【解析】如果土地使用权用于自行开发建造厂房等地上建筑物的，土地使用权作为无形资产核算，建造期间摊销费用计入在建工程的成本中，建造完成后摊销金额记入"管理费用"科目；如果土地使用权用于建成后对外出租的建筑物，则土地使用权作为投资性房地产核算，建造期间不计提摊销，建造完成后摊销记入"其他业务成本"科目。

5.【答案】C

【解析】选项C，不再划分为持有待售时，应该对联营企业投资自划分为持有待售类别日起按照权益法进行追溯调整；选项A、D，应直接按新的分类采用新的会计计量方式，不进行追溯调整；选项B，某项资产或处置组被划归为持有待售，但后来不再满足持有待售的确认条件，企业应当停止将其划归为持有待售，并按照下列两项金额中较低者计量：（1）该资产或处置组被划归为持有待售之前的账面价值，按照其假定在没有被划归为持有待售的情况下原应确认的折旧、摊销或减值进行调整后的金额；（2）决定不再出售之日的可收回金额。不需要追溯调整。

6.【答案】A

【解析】甲公司该建造工程开始资本化的时点为2×23年1月1日。2×23年度一般借款资本化率＝（2 000×5.5%＋3 000×4.5%）/（2 000＋3 000）×100%＝4.9%，累计资产支出超过专门借款部分的资产支出加权平均数＝（1 800＋1 600－3 000）×10/12＋2 000×4/12＝1 000（万元），因此甲公司2×23年度应予资本化的一般借款利息金额＝1 000×4.9%＝49（万元）。

7.【答案】B

【解析】选项A，预计负债是企业承担的现时义务；选项C，预计负债计量不应考虑未来期间相关资产的处置利得；选项D，预计负债应按相关支出的最佳估计数计量，基本确定能够收到的补偿应单独确认为资产。

8.【答案】B

【解析】甲公司因持有乙公司股票在2×23年确认的投资收益＝现金股利8＋处置损益（11.6－9）×100＝268（万元）。

9.【答案】A

【解析】名义上甲公司将5%的股权转让给乙公司，但是实质上乙公司并没有取得这部分股权的表决权和利润分配权利，也就是甲公司保留了收取金融资产现金流量的权利，且没有承诺将收取的现金流量支付给乙公司的义务，所以实际上该资产并未转移，不符合资产终止确认的条件，不能确认处置损益，因此选项A正确。

10.【答案】C

【解析】租赁付款额包括以下五项内容：①固定付款额及实质固定付款额，存在租赁激励的，扣除租赁激励相关金额。②取决于指数或比率的可变租赁付款额。③购买选择权的行权价格，前提是承租人合理确定将行使该选择权。④行使终止租赁选择权需支付的款项，前提是租赁期反映出承租人将行使终止租赁选择权。⑤根据承租人提供的担保余值预计应支付的款项。选项C，独立第三方的担保额和承租人无关，不应计入承租人的租赁付款额中。

11.【答案】C

【解析】企业是否有行使将负债清偿推迟至资产负债表日后一年以上的实质性权利的主观可能性，并不影响负债的流动性划分。对于符合非流动负债划分条件的负债，即使企业有意图或者计划在资产负债表日后一年内（含一年，下同）提前清偿该负债，或者在资产负债表日至财务报告批准报出日之间已提前清偿该负债，该负债仍应归类为非流动负债。

12.【答案】B

【解析】选项A，企业资产和负债是按照流动性划分列报的，流动性的重新划分只会影响资产和负债的金额，不会影响期初留存收益；选项B，因为同一控制下企业合并是视同该企业合并主体自合并日及以前期间一体化存续下来的，因此需要进行追溯调整，会影响期初留存收益项目的金额；选项C，属于当期事项，直接调整当期项目金额，对原投资视同销售处理，影响当期损益进而影响当期期末留存收益，不影响期初留存收益；选项D，属于会计估计变更，不需要追溯调整，不影响期初留存收益。

13. 【答案】C

【解析】调整增加的普通股股数 =1 000 -1 000 ×3/5 =400（万股），甲公司 2 ×22 年度稀释每股收益金额 =1 200/(2 000 +400) =0.5（元）。

二、多项选择题

1. 【答案】BCD

【解析】选项 A，应该继续计提折旧。

2. 【答案】BCD

【解析】选项 A，投资性房地产不能由公允价值模式转为成本模式。

3. 【答案】ABD

【解析】选项 C，长期股权投资计提的减值准备不得转回。

4. 【答案】BCD

【解析】按照增值税有关规定，初次购买增值税税控系统专用设备支付的费用以及缴纳的技术维护费允许在增值税应纳税额中全额抵减。

企业购入增值税税控系统专用设备分录：

借：固定资产　　339

　　贷：银行存款　　339

借：应交税费——应交增值税（减免税款）　　339

　　贷：管理费用　　339

税控系统专用设备折旧的分录：

借：管理费用　　80

　　贷：累计折旧　　80

企业发生技术维护费分录：

借：管理费用　　50

　　贷：银行存款　　50

按规定抵减的增值税应纳税额：

借：应交税费——应交增值税（减免税款）　　50

　　贷：管理费用　　50

由上述分录可知，购买专用设备支付的实际金额 339 万元计入了“固定资产”，增值税 39 万元并未计入“管理费用”，因此，选项 A 不正确，选项 C 正确；税控系统专用设备折旧费及技术维护费均计入“管理费用”，选项 B、D 正确。

5. 【答案】ABD

【解析】选项 C，现金股票增值权属于以现金结算的股份支付。

6. 【答案】AB

【解析】企业应将该设备划分为持有待售的非流动资产，其公允价值减去出售费用后的净额 =4 100 -100 =4 000（万元）；账面价值为 4 650 万元（6 000 -1 350）大于调整后的预计净残值 4 000 万元，因此，应该在划分为持有待售当日计提减值准备，应计提的减值准备 =4 650 -4 000 =650（万元）。应该在“持有待售资产”项目中列示 4 000 万元。

划分为持有待售时：

借：持有待售资产　　4 650
　　累计折旧　　1 350
　　贷：固定资产　　6 000
借：资产减值损失　　650
　　贷：持有待售资产减值准备　　650

7.【答案】ABCD

【解析】政府补助退回的，应按以下规定进行处理：（1）初始确认时冲减相关资产账面价值的，调整资产账面价值；（2）存在相关递延收益的，冲减相关递延收益账面余额，超出部分计入当期损益；（3）属于其他情况的，直接计入当期损益。

8.【答案】BCD

【解析】选项B，企业以存货换取其他企业固定资产、无形资产等的，换出存货的企业适用《企业会计准则第14号——收入》的规定进行会计处理；选项C、D，交换中涉及金融资产的，金融资产的确认、终止确认和计量适用《企业会计准则第22号——金融工具确认和计量》和《企业会计准则第23号——金融资产转移》。

9.【答案】CD

【解析】在对外币报表折算时，资产和负债项目应按照期末资产负债表日的即期汇率进行折算，所有者权益项目中除"未分配利润"项目外，其他项目采用发生时的即期汇率折算。

10.【答案】BCD

【解析】选项A，属于非调整事项。

11.【答案】ABD

【解析】企业变更估值技术或其应用的，应当按照《企业会计准则第28号——会计政策、会计估计变更和差错更正》的规定作为会计估计变更，并根据《企业会计准则第39号——公允价值计量》的披露要求对估值技术及其应用的变更进行披露，而不需要按照《企业会计准则第28号——会计政策、会计估计变更和差错更正》的规定对相关会计估计变更进行披露。

12.【答案】ACD

【解析】对于单位应上缴财政的现金所涉及的收支业务，不需要进行预算会计处理，只进行财务会计处理，选项B错误。

三、计算分析题

1.【答案】

（1）该股份支付的授予日为2×21年1月2日。

2×21年应确认与股份支付相关的费用 = 50 × 40 000 × 5 + 50 × 40 000 × 5 ÷ 2 + 50 × 40 000 × 5 ÷ 3 = 1 833.33（万元）

借：管理费用　　1 833.33
　　贷：资本公积——其他资本公积　　1 833.33

2×22年应确认费用 = 50 × 40 000 × 5 ÷ 2 + 50 × 40 000 × 5 ÷ 3 = 833.33（万元）

借：管理费用　　833.33

贷：资本公积——其他资本公积　833.33

（2）2×22年行权：

借：资本公积——其他资本公积　1 000

银行存款　1 600

贷：股本　200

资本公积——股本溢价　2 400

（3）2×21年基本每股收益＝12 000/5 000＝2.4（元/股）

2.【答案】

（1）借：投资性房地产　2 000

累计折旧　400

贷：固定资产　1 000

其他综合收益　1 400

借：投资性房地产　80

贷：公允价值变动损益　80

借：银行存款　120

贷：其他业务收入　110

预收账款　10

借：生产成本（制造费用）　800

贷：专项储备　800

借：固定资产　200

贷：银行存款　200

借：专项储备　200

贷：累计折旧　200

借：短期借款——银行　3 000

应付账款——P公司　1 200

贷：短期借款——债务重组——银行　2 400

应付账款——债务重组——P公司　960

投资收益　840

借：应付账款　600

贷：资本公积——股本溢价　600

借：长期股权投资　3 600

贷：长期股权投资　2 800

投资收益　800

借：长期股权投资　900

贷：营业外收入　900

借：长期股权投资　363

贷：投资收益　345

其他综合收益　18

（2）应确认投资收益＝840＋800＋345＝1 985（万元）

应确认营业外收入＝900（万元）

应确认资本公积＝600（万元）

应确认其他综合收益＝1 400＋ 18＝1 418（万元）

四、综合题

1.【答案】

（1）①将持有的乙公司2 000万元的债券应划分为以摊余成本计量的金融资产核算。

理由：对于持有的2 000万元乙公司债券的管理是以收取合同现金流量为目标的业务模式，且相关金融资产在特定日期产生的合同现金流量仅为对本金和以未偿付本金金额为基础的利息的支付，应划分为以摊余成本计量的金融资产核算。

②将持有的乙公司3 000万元的债券相应的划分为以公允价值计量且其变动计入其他综合收益的金融资产核算。

理由：因甲公司持有该债券业务模式是为收取合同现金流量并满足流动性需求，即公司资金发生紧缺时，将出售该债券，且相关金融资产在特定日期产生的合同现金流量仅为对本金和以未偿付本金金额为基础的利息的支付，应划分为以公允价值计量且其变动计入其他综合收益的金融资产核算。

③甲公司将持有的丙公司股权相应的作为以公允价值计量且其变动计入其他综合收益的金融资产核算。

理由：因甲公司对持有的丙公司股权进行指定，除了持有该股份分得的现金股利外，该投资价值的任何变动以及处置均不影响净利润，所以应将该项投资指定为以公允价值计量且其变动计入其他综合收益的金融资产核算。

④甲公司将持有的股票组合相应的作为以公允价值计量且其变动计入当期损益的金融资产核算。

理由：该金融资产在特定日期产生的合同现金流量不是对本金和以未偿付本金金额为基础的利息的支付。甲公司持有该股票组合是以公允价值进行管理，并与投资人员的业绩挂钩，应划分为以公允价值计量且其变动计入当期损益的金融资产核算。

（2）2×21年末可抵扣暂时性差异余额＝期初1 200＋因持有股票组合确认50（500－450）＝1 250（万元），2×22年度转回金额200万元，其余在2×23年以后年度转回。

因此，2×21年末递延所得税资产余额＝200×15%＋1 000×25%＋50×15%＝287.5（万元）。

2×21年末递延所得税负债余额＝期初2 500×25%＋研发设备产生96（2×22年计提折旧转回480/5）×15%＋336×25%【2×21年6月20日购入研发设备480万元，税法规定研发设备购入价格小于500万元，可一次性税前扣除，形成应纳税暂时性差异＝480－480/5×6/12＝432万元，2×23年及以后转回的金额＝432－96＝336万元】＋本期持有3 000万元乙公司债券确认（3 150－3 000）×15%＋本期因持有丙公司股权投资确认（1 300－1 200）×25%＝770.9（万元）。

2×21年应确认的递延所得税资产＝期末余额287.5－期初余额（200×15%＋1 000×25%）＝7.5（万元）

2×21年应确认的递延所得税负债＝期末余额770.9－期初余额2 500×25%＝145.9（万元）

借：递延所得税资产 7.5

贷：所得税费用 7.5

借：其他综合收益 [（3 150 - 3 000）×15% +（1 300 - 1 200）×25%]47.5

所得税费用 （倒挤）98.4

贷：递延所得税负债 145.9

（3）甲公司在其 2×22 年度合并财务报表中对于丁公司的新技术研发项目应作为开发支出核算。

理由：因甲公司的技术人员经研究后发现，继续研发该项目从技术角度分析是完全可以实现的，预计该研发项目完成后能给甲公司未来的经营带来较大的利益，能够单独辨认出来，所以在合并报表中应确认尚未确认的开发支出 800 万元。

甲公司在 2×22 年末合并资产负债表中商誉的列报金额 =3 500 - 800×55% =3 060（万元）。

（4）2×22 年末可抵扣暂时性差异余额（交易性金融资产在 2×21 年末产生的可抵扣暂时性差异在 2×22 年末由于市价回升转回，因此对 2×22 年末可抵扣暂时性差异余额没有影响）=2×21 年初可抵扣暂时性差异余额 1 200 万元 - 2×22 年度转回 2×21 年初的差异额 200 万元 =1 000（万元），2×22 年末递延所得税资产余额 =1 000×25% =250（万元）。

或者：2×22 年末递延所得税资产余额 =2×21 年末递延所得税资产余额 287.5 - 2×22 年度转回 2×21 年初的差异额 200 万元×15% - 2×22 年度转回的金融资产产生的差异额 50 万元×15% =250（万元）。

2×22年末应纳税暂时性差异余额（其他债权投资在2×21产生的应纳税暂时性差异额在 2×22 年末已经转回了，因此对2×22年末应纳税暂时性差异的余额没有影响）=2×21年期初 2 500 + 研发设备产生336（480 - 480/5×1.5）+ 持有丙公司股权投资累计产生300（1 500 - 1 200）+ 股票组合累计产生50（550 - 500）=3 186（万元），2×22 年末递延所得税负债余额 = 3 186×25% =796.5（万元）。

或者：2×22年末递延所得税负债余额 =2×21年末递延所得税负债余额770.9 - 2×22年末转回的其他债权投资产生的递延所得税负债（3 150 - 3 000）×15% - 2×22年计提折旧转回的递延所得税负债480/5 ×15% +2×22年末因持有丙公司股权投资确认的递延所得税负债（1 500 - 1 300）×25% + 股票组合确认的递延所得税负债（550 - 500）×25% =796.5（万元）。

（5）出售丙公司股票不确认投资收益，投资收益金额为零。

借：银行存款 1 800

贷：其他权益工具投资——成本 1 200

——公允价值变动 300

盈余公积 30

利润分配——未分配利润 270

借：其他综合收益 300

贷：盈余公积 30

利润分配——未分配利润 270

借：递延所得税负债 （300×25%）75

贷：其他综合收益 75

2.【答案】

（1）①购买乙公司股权成本 =1 200×8.8 =10 560（万元），购买丙公司股权的成本 = 1 000×2.5 =2 500（万元），购买乙公司股权支付的相关审计费、法律等费用 200 万元，在发生的当前直接计入当期损益。购买丙公司股权支付的券商手续费50万元，在发生时冲减股票的溢价发行收入（资本公积——股本溢价）。

②购买乙公司股权产生的商誉 = 10 560 - 1 250 × 80% × 8.8 = 1 760（万元），企业合并形成的商誉，至少应当在每年年度终了进行减值测试。

③乙公司2×21年度财务报表折算为母公司记账本位币的外币报表折算差额 =（1 250 - 300）×9 -（1 250 ×8.8 - 300 ×8.85）= 205（万元）。

④发行权益性证券对所有者权益的影响 = 2.5 ×1 000 - 50 = 2 450（万元）。

相关会计分录：

借：长期股权投资　　2 500
　贷：股本　　1 000
　　资本公积——股本溢价　　1 500
借：资本公积——股本溢价　　50
　贷：银行存款　　50

⑤甲公司对丙公司投资后续计量采用权益法核算，因为甲公司取得丙公司20%有表决权股份后，派出一名代表作为丙公司董事会成员，参与丙公司的生产经营决策，对丙公司具有重大影响。

对初始成本进行调整：13 000 × 20% - 2 500 = 100（万元），期末应确认的投资收益 =（1 200 - 500 - 1 000/5 ×6/12）×20% = 120（万元）。

（2）①甲公司出租办公楼在合并报表中不应该作为投资性房地产反映，而应该作为固定资产反映，视同办公楼没有出租给集团内部。

抵销分录：

借：固定资产　　1 500
　　其他综合收益　　197.5
　贷：投资性房地产　　1 660
　　　固定资产——累计折旧　　（1 500/20/2）37.5
借：公允价值变动收益　　90
　贷：投资性房地产　　90
借：管理费用　　75
　贷：固定资产——累计折旧　　75
借：营业收入　　85
　贷：租赁负债　　85

承租人抵销使用权资产与租赁负债、抵销使用权资产累计折旧等分录略掉。

②在合并报表中甲公司应收乙公司款项在合并报表中不应该反映，因为属于内部的交易，集团内部不存在内部之间的应收款和应付款。

抵销分录如下：

借：应付账款　　500
　贷：应收账款　　500
借：应收账款——坏账准备　　20
　贷：信用减值损失　　20

2024年注册会计师全国统一考试
《会计》全真模拟试题（五）

一、单项选择题（共13个小题，每个小题2分，共26分）

1. 甲公司销售乙产品，同时对售后3年内产品质量问题承担免费保修义务，有关产品更换或修理至达到正常使用状态的支出由甲公司负担。2×23年甲公司共销售乙产品1000件，根据历史经验估计，因履行售后保修承诺，预计将发生的支出为600万元，甲公司确认了销售费用，同时确认为预计负债。甲公司该会计处理体现的会计信息质量要求是（　　）。

A. 可比性　　B. 实质重于形式

C. 谨慎性　　D. 及时性

2. 2×23年年末，甲公司库存M原材料账面余额为200万元，数量为10吨。该原材料全部用于生产按照合同约定向乙公司销售的10件N产品。合同约定：甲公司应于2×24年5月1日前向乙公司发出10件N产品，每件售价为30万元（不含增值税）。将M原材料加工成N产品尚需发生加工成本110万元，预计销售每件N产品尚需发生相关税费0.5万元。2×23年年末，市场上M原材料每吨售价为18万元，预计销售每吨M原材料尚需发生相关税费0.2万元。2×23年年初，M原材料未计提存货跌价准备。不考虑其他因素，甲公司2×23年12月31日对M原材料应计提的存货跌价准备是（　　）。

A. 5万元　　B. 10万元　　C. 15万元　　D. 20万元

3. 下列关于固定资产减值的表述中，符合会计准则规定的是（　　）。

A. 预计固定资产未来现金流量应当考虑与所得税收付的相关的现金流量

B. 固定资产的公允价值减去处置费用后的净额高于其账面价值，但预计未来现金流量现值低于其账面价值的，应当计提减值

C. 在确定固定资产未来现金流量现值时，应当考虑将来可能发生与改良有关的预计现金流量的影响

D. 单项固定资产本身的可收回金额难以有效估计的，应当以其所在的资产组为基础确定可收回金额

4. 下列各项中，在相关资产处置时或后续期间不应转入当期损益的是（　　）。

A. 其他债权投资因公允价值变动计入其他综合收益的部分

B. 对于权益法下的顺流交易，在长期股权投资账面价值已减记至零的情况下，考虑长期股权投资账面价值不应出现负数，投资方将长期股权投资账面价值不足以抵销的部分确认的递延收益

C. 同一控制下企业合并中股权投资入账价值与支付对价账面价值的差额计入资本公积的部分

D. 自用房地产转为以公允价值计量的投资性房地产在转换日计入其他综合收益的部分

5. 下列各项有关职工薪酬的会计处理中，正确的是（　　）。

A. 与设定受益计划相关的当期服务成本应计入当期损益

B. 与设定受益计划负债相关的利息费用应计入其他综合收益

C. 与设定受益计划相关的过去服务成本应计入期初留存收益

D. 因重新计量设定受益计划净负债产生的精算损失应计入当期损益

6. 甲公司为建造某大型设备，于2×23年1月1日从银行借入期限为2年的专门借款2 000万元，年利率为4%（等于实际利率）。2×23年4月1日，甲公司开始建造该大型设备，当日按合同约定预付工程款500万元。2×23年7月1日和10月1日，甲公司分别支付工程物资款和工程进度款700万元、400万元。该大型设备2×23年12月31日尚未完工，甲公司预计工期2年。不考虑其他因素，甲公司2×23年度为建造该大型设备应予以资本化的借款利息金额是（　　）。

A. 48万元　　B. 60万元　　C. 80万元　　D. 33万元

7. 2×22年12月，经董事会批准，甲公司自2×23年1月1日起撤销某营销网点，该业务重组计划已对外公告。为实施该业务重组计划，甲公司预计发生以下支出或损失：因辞退职工将支付补偿款100万元，因撤销门店租赁合同将支付违约金20万元，因处置门店内设备将发生损失65万元，因将门店内库存存货运回公司本部将发生运输费5万元。该业务重组计划对甲公司2×22年度利润总额的影响金额为（　　）。

A. －120万元　　B. －165万元　　C. －185万元　　D. －190万元

8. 2×23年1月1日，甲公司购入乙公司当日发行的4年期分期付息（于次年初支付上年度利息）、到期还本债券，面值为1 000万元，票面年利率为5%，实际支付价款为1 050万元，另发生交易费用2万元。甲公司将该债券划分为债权投资，每年年末确认投资收益，2×23年12月31日确认投资收益35万元。2×23年12月31日，甲公司该债券的摊余成本为（　　）。

A. 1 035万元　　B. 1 037万元　　C. 1 065万元　　D. 1 067万元

9. 甲公司将一闲置机器设备以经营租赁方式租给乙公司使用。租赁合同约定，租赁期开始日为2×23年7月1日，租赁期4年，年租金为120万元，租金每年7月1日支付。租赁期开始日起前3个月免租金。2×23年7月1日，甲公司收到乙公司支付的扣除免租期后的租金90万元。不考虑其他因素，甲公司2×23年应确认的租金收入是（　　）。

A. 56.25万元　　B. 60.00万元

C. 90.00万元　　D. 120.00万元

10. 2×23年，甲公司实现利润总额210万元，包括：当年确认并收到的国债利息收入10万元，因违反环保法规被环保部门处以罚款20万元。甲公司2×23年年初递延所得税负债余额为20万元，年末余额为25万元，上述递延所得税负债均产生于固定资产账面价值与

计税基础的差异。甲公司适用的所得税税率为 25%。不考虑其他因素，甲公司 2×23 年的所得税费用是（　　）。

A. 52.5 万元　　B. 55 万元　　C. 57.5 万元　　D. 60 万元

11. 甲公司为制造企业，2×23 年发生现金流量：（1）将销售产生的应收账款申请保理，取得现金 1200 万元，银行对于标的债券具有追索权；（2）购入作为交易性金融资产核算的股票支付现金 200 万元；（3）收到保险公司对存货损毁的赔偿款 120 万元；（4）收到所得税返还款 260 万元；（5）向其他方提供劳务收取现金 400 万元。不考虑其他因素，甲公司 20×4 年经营活动产生的现金流量净额是（　　）。

A. 780 万元　　B. 2 180 万元　　C. 980 万元　　D. 1 980 万元

12. 甲公司 2×23 年 1 月 1 日发行在外普通股为 10 000 万股，引起当年发行在外普通股股数发生变动的事项：（1）9 月 30 日，为实施一项非同一控制下企业合并定向增发 2 400 万股；（2）11 月 30 日，以资本公积转增股本，每 10 股转增 2 股。甲公司 2×23 年实现归属于普通股股东的净利润 8200 万元。不考虑其他因素，甲公司 2×23 年基本每股收益是（　　）。

A. 0.55 元　　B. 0.64 元　　C. 0.76 元　　D. 0.82 元

13. 下列各项民间非营利组织会计处理中，正确的是（　　）。

A. 捐赠收入于捐赠方做出书面承诺时确认

B. 如果捐赠方没有提供有关凭据，受赠的非现金资产按名义价值入账

C. 收到受托代理资产时确认受托代理资产，同时确认受托代理负债

D. 接受劳务捐赠按公允价值确认收入

二、多项选择题（共 12 个小题，每个小题 2 分，共 24 分）

1. 下列各项关于土地使用权会计处理的表述中，正确的有（　　）。

A. 为建造固定资产购入的土地使用权确认为无形资产

B. 房地产开发企业为开发商品房购入的土地使用权确认为存货

C. 用于出租的土地使用权及其地上建筑物一并确认为投资性房地产

D. 用于建造厂房的土地使用权摊销金额在厂房建造期间计入在建工程成本

2. 下列各项关于资产组认定及减值处理的表述中，正确的有（　　）。

A. 主要现金流入是否独立于其他资产或资产组是认定资产组的依据

B. 资产组账面价值的确定基础应当与其可收回金额的确定方式一致

C. 资产组的认定与企业管理层对生产经营活动的管理或者监控方式密切相关

D. 资产组的减值损失应当首先抵减分摊至该资产组中商誉（如果有的话）的账面价值

3. 下列各项关于附等待期的股份支付会计处理的表述中，正确的有（　　）。

A. 以权益结算的股份支付，相关权益性工具的公允价值在授予日后不再调整

B. 现金结算的股份支付在授予日不作会计处理，但权益结算的股份支付应予处理

C. 附市场条件的股份支付，应在所有市场及非市场条件均满足时确认相关成本费用

D. 业绩条件为非市场条件的股份支付，等待期内应根据后续信息调整对可行权情况的估计

4. 甲公司为整合资产，于 2×22 年 9 月经董事会决议处置部分生产线。2×22 年 12 月

31 日，甲公司与乙公司签订某生产线出售合同。合同约定：该项交易自合同签订之日起 10 个月内完成，原则上不可撤销，但因外部审批及其他不可抗力因素影响的除外。如果取消合同，主动提出取消的一方应向对方赔偿损失 360 万元。生产线出售价格为 2 600 万元，甲公司负责生产线的拆除并运送至乙公司指定地点，经乙公司验收后付款。甲公司该生产线 2×22 年年末账面价值为 3 200 万元，预计拆除、运送等费用为 120 万元。2×23 年 3 月，在合同实际执行过程中，因乙公司所在地方政府出台新的产业政策，乙公司购入资产属于新政策禁止行业，乙公司提出取消合同并支付了赔偿款。不考虑其他因素，下列关于甲公司对于上述事项的会计处理中，正确的有（　　）。

A. 自 2×23 年 1 月起对拟处置生产线停止计提折旧

B. 2×22 年资产负债表中该生产线列报为 3 200 万元

C. 2×23 年将取消合同取得的乙公司赔偿款确认为营业外收入

D. 自 2×23 年 3 月知晓合同将予取消时起，对生产线恢复计提折旧

5. 下列各项中，不应作为合同履约成本确认为资产的有（　　）。

A. 为取得合同发生但预期能够收回的增量成本

B. 为组织和管理企业生产经营发生的但非由客户承担的管理费用

C. 无法在尚未履行的与已履行（或已部分履行）的履约义务之间区分的支出

D. 为履行合同发生的非正常消耗的直接材料、直接人工和制造费用

6. 甲公司 2×23 年自财政部门取得以下款项：（1）3 月 20 日，收到拨来的以前年度已完成重点科研项目的经费补贴 260 万元；（2）6 月 20 日，取得国家对公司进行技改项目的支持资金 3 000 万元，用于购置固定资产，相关资产于当年 12 月 28 日达到预定可使用状态，预计使用 20 年，采用年限平均法计提折旧；（3）12 月 31 日，收到战略性新兴产业研究补贴 4 000 万元，该项目至取得补贴款时已发生研究支出 1 600 万元，预计项目结束前仍将发生研究支出 2 400 万元。假定上述政府补助在 2×23 年以前均未予以确认，甲公司采用总额法核算政府补助，采用直线法分摊与资产相关的政府补助，采用支出比例分摊与收益相关政府补助。不考虑其他因素，下列关于甲公司 2×23 年对政府补助相关的会计处理中，正确的有（　　）。

A. 当期应计入损益的政府补助是 1 860 万元

B. 当期取得与收益相关的政府补助是 260 万元

C. 当期取得与资产相关的政府补助是 3 000 万元

D. 当期应计入资本公积的政府补助是 4 000 万元

7. 甲公司为一家互联网视频播放经营企业，其为减少现金支出而进行的取得有关影视作品播放权的下列交易中，属于非货币性资产交换的有（　　）。

A. 以应收商业承兑汇票换取其他方持有的乙版权

B. 以本公司持有的丙版权换取其他方持有的丁版权

C. 以将于 3 个月内到期的国债投资换取其他方持有的戊版权

D. 以作为其他权益工具投资核算的权益性投资换取其他方持有的己版权

8. 甲公司销售商品产生应收乙公司货款 1 200 万元（含税），因乙公司资金周转困难，逾期已 1 年以上尚未支付，甲公司就该债权计提了 240 万元坏账准备。2×23 年 10 月 20 日，双方经协商达成债务重组协议：乙公司以其生产的 100 件丙产品和一项应收银行承兑汇票偿

还所欠甲公司货款。乙公司用以偿债的丙产品单件成本为 5 万元，市场价格（不含增值税）为 8 万元，银行承兑汇票票面金额为 120 万元（等于其公允价值）。当日，甲公司该项应收债权的公允价值为 920 万元。10 月 25 日，甲公司收到乙公司的 100 件丙产品及银行承兑汇票，乙公司向甲公司开具了增值税专用发票，双方债权债务结清。甲、乙公司均为增值税一般纳税人，适用增值税税率均为 13%。不考虑其他因素，下列各项关于甲公司该项交易会计处理的表述中，正确的有（　　）。

A. 确认债务重组损失 40 万元

B. 确认增值税进项税额 65 万元

C. 确认丙产品入账价值 800 万元

D. 确认应收票据入账价值 120 万元

9. 下列各项关于对境外经营财务报表进行折算的表述中，正确的有（　　）。

A. 对境外经营财务报表折算产生的差额归属于母公司的部分应在合并资产负债表其他综合收益项目中进行列示

B. 合并报表中对境外子公司财务报表折算产生的差额应由控股股东享有或分担

C. 对境外经营财务报表中实收资本项目的折算应按业务发生时的即期汇率折算

D. 处置境外子公司时应按处置比例计算处置部分的外币报表折算差额计入当期损益

10. 下列各项中属于会计政策变更的有（　　）。

A. 因执行新企业会计准则，按新的控制定义调整合并财务报表合并范围

B. 会计准则修订要求将不具有控制、共同控制和重大影响的权益性投资由长期股权投资转为其他权益工具投资

C. 公允价值计量使用的估值技术由市场法变更为收益法

D. 因处置部分股权丧失了对子公司的控制导致长期股权投资的后续计量方法由成本法转变为权益法

11. 甲公司 2×23 年财务报告于 2×24 年 3 月 20 日对外报出，其于 2×24 年发生的下列交易事项中，应作为 2×23 年调整事项处理的有（　　）。

A. 1 月 20 日，因商品质量问题，收到客户退回部分商品，该商品于 2×23 年 9 月确认为销售收入

B. 3 月 18 日，甲公司的子公司发布 2×23 年经审计的利润，根据 2×23 年购买该子公司协议约定，甲公司在原以预计或有对价基础上向出售方多支付 1600 万元

C. 2 月 25 日发布重大资产重组公告，发行股份收购一家下游企业 100% 股权

D. 3 月 10 日，2×23 年被提起诉讼的条件结案，法院判决甲公司赔偿金额与原预计金额相差 1 200 万元

12. 公允价值计量所使用的输入值划分为三个层次，下列各项输入值中，属于第二层输入值的有（　　）。

A. 活跃市场中类似资产或负债的报价

B. 活跃市场中相同资产或负债的报价

C. 非活跃市场中类似资产或负债的报价

D. 非活跃市场中相同资产或负债的报价

三、计算分析题（共 2 个小题，每个小题 9 分，共 18 分）

1. 甲公司适用的所得税率为25%，预计以后期间不会变更，未来期间有足够的应纳税所得额用以抵扣可抵扣暂时性差异；2×23 年初递延所得税资产的账面余额为100 万元，递延所得税负债的账面余额为0，不存在其他未确认暂时性差异所得税影响的事项。2×23 年，甲公司发生的下列交易或事项，其会计处理与所得税法规规定存在差异：

（1）甲公司持有乙公司30%股权并具有重大影响，采用权益法核算，其初始投资成本为1 000 万元。截至2×23 年 12 月 31 日，甲公司该股权投资的账面价值为1 900 万元，其中，因乙公司2×23 年实现净利润，甲公司按持股比例计算确认增加的长期股权投资账面价值为300 万元；因乙公司持有以公允价值计量且其变动计入其他综合收益的金融资产（不属于非交易性权益工具投资）产生的其他综合收益增加，甲公司按持股比例计算确认增加的长期股权投资账面价值80 万元；其他长期股权投资账面价值的调整系按持股比例计算享有乙公司以前年度的净利润。甲公司计划于2×24 年出售该项股权投资，但出售计划尚未经董事会和股东大会批准。税法规定，居民企业间的股息、红利免税。

（2）1 月4 日，甲公司经股东大会批准，授予其50 名管理人员每人10 万份股份期权，每份期权于到期日可以6 元/股的价格购买甲公司1 股普通股，但被授予股份期权的管理人员必须在甲公司工作满3 年才可行权。甲公司因该股权激励于当年确认了550 万元的股份支付费用。税法规定，行权时股份公允价值与员工实际支付价款之间的差额，可在行权期间计算应纳税所得额时扣除。针对当期发生的费用，甲公司预计该股份期权行权时可予税前抵扣的金额为1 600 万元，预计因该股权激励计划确认的股份支付费用合计数不会超过可税前抵扣的金额。

（3）2×23 年，甲公司发生与生产经营活动有关的业务宣传费支出1 600 万元。税法规定，不超过当年销售收入15%的部分准予税前全额扣除；超过部分，准予在以后纳税年度结转扣除。甲公司2×23 年度销售收入为9 000 万元。

（4）甲公司2×23 年度利润总额4 500 万元，以前年度发生的可弥补亏损400 万元尚在税法允许可结转以后年度产生的所得抵扣的期限内。

假定：除上述事项外，甲公司不存在其他纳税调整事项；甲公司和乙公司均为境内居民企业；不考虑中期财务报告及其他因素，甲公司于年末进行所得税会计处理。

要求：

（1）根据资料（1），说明甲公司长期股权投资权益法核算下的账面价值与计税基础是否产生暂时性差异；如果产生暂时性差异，说明是否应当确认递延所得税负债或资产，并说明理由。

（2）分别计算甲公司2×23 年12 月31 日递延所得税负债或资产的账面余额以及甲公司2×23 年应交所得税、所得税费用，编制相关的会计分录。

2. 注册会计师在对甲股份有限公司（以下简称“甲公司”）2×23 年财务报表进行审计时，对其当年度发生的下列交易事项的会计处理提出疑问，希望能够与甲公司财务部门讨论：

（1）1 月2 日，甲公司自公开市场以2 936.95 万元购入乙公司于当日发行的公司债券30 万张，该债券每张面值为100 元，票面年利率为5.5%，该债券为5 年期，分期付息（于下一年度的1月2日支付上一年利息）、到期还本。甲公司拟长期持有该债券以获得本息流入。因现金流充足，甲公司预计不会在到期前出售。甲公司对该交易事项的会计处理如下（会计分录中的金额单位为万元，下同）：

借：债权投资　　3 000
　贷：银行存款　　2 936.95
　　财务费用　　63.05
借：应收利息　　165
　贷：投资收益　　165

（2）7月20日，甲公司取得当地财政部门拨款1 860万元，用于资助甲公司2×23年7月开始进行的一项研发项目的前期研究。该研发项目预计周期为两年，预计将发生研究支出3 000万元。项目自2×23年7月开始启动，至年末累计发生研究支出1 500万元（全部以银行存款支付）。甲公司对该交易事项的会计处理如下：

借：银行存款　　1 860
　贷：其他收益　　1 860
借：研发支出——费用化支出　　1500
　贷：银行存款　　1 500
借：管理费用　　1 500
　贷：研发支出——费用化支出　　1 500

（3）甲公司持有的乙公司200万股股票于2×23年2月以14元/股的价格购入，且甲公司对乙公司不具有重大影响，甲公司将其指定为以公允价值计量且其变动计入其他综合收益的金融资产。至2×23年12月31日，乙公司股票的市场价格已跌至4元/股，甲公司对该交易或事项的会计处理如下：

借：信用减值报失　　2 000
　贷：其他综合收益——信用减值准备　　2 000

（4）8月26日，甲公司与其全体股东协商，由各股东按照持股比例同比例增资的方式解决生产线建设资金需求。8月30日，股东共新增投入甲公司资金3 200万元，甲公司将该部分资金存入银行存款账户。9月1日，生产线工程开工建设，并于当日及12月1日分别支付建造承包商工程款600万元和800万元。甲公司将尚未动用增资款项投资货币市场，月收益率为0.4%。甲公司对该交易事项的会计处理如下：

借：银行存款　　3 200
　贷：资本公积　　3 200
借：在建工程　　1 400
　贷：银行存款　　1400
借：银行存款　　38.40
　贷：在建工程　　38.40

其中，冲减在建工程的金额＝2 600×0.4×3＋1 800×0.4 ×1＝38.40（万元）。

其他有关资料：

(P/A,5%,5)＝4.3295；(P/A,6%,5)＝4.2124

(P/F,5%,5)＝0.7835；(P/F,6%,5)＝0.7473

本题中有关公司均按净利润的10%计提法定盈余公积，不计提任意盈余公积。

不考虑相关税费及其他因素。

要求：判断甲公司对有关交易事项的会计处理是否正确，对于不正确的，说明理由并编制更正的会计分录（无须通过“以前年度损益调整”科目）。

四、综合题（共2个小题，每个小题16分，共32分）

1. 甲公司是一家在科创板上市的综合性医疗集团公司，2×22年和2×23年发生相关交易或事项如下：

（1）2×22年1月1日，甲公司向乙公司的股东按面值发行可转换公司债券60万份作为支付对价，收购乙公司100%股权。该债券面值为100元，期限为3年，票面年利率为6%，利息每年末支付，每份债券均可在债券发行一年后的任何时间转换为10股甲公司的普通股。甲公司发行债券时，二级市场上与之类似的按面值发行但没有转股权的债券市场利率为9%。上述可转债已完成相关登记手续，乙公司股东的变更登记手续也已完成。

（2）2×22年2月1日，甲公司与丙公司签订了一份疫苗生产线的建造合同。合同约定，根据丙公司质量控制要求，甲公司在丙公司的生产车间建造一条疫苗生产线，负责生产线的总体规划设计、设备采购、安装调试，保证生产线达到丙公司要求。合同总价款为9 000万元，丙公司将组织里程碑验收，并分阶段付款，其中签订合同时预付合同价款的10%，完成设备采购安装时支付合同价款的30%，完成调试验收时支付合同价款的50%，剩余10%的合同价款作为质量保证金，待生产线投入使用并稳定运行两年后支付。合同履行期间，如果甲公司终止合同，已完成的建造部分归丙公司所有，丙公司可在甲公司工作的基础上，聘请其他单位继续完成生产线的建造。甲公司预计合同总成本为6 000万元。

根据甲公司的会计政策，对于在某一时段内履行的履约义务，甲公司采用投入法确定履约进度。截至2×22年12月31日，甲公司已完成总体规划设计、设备采购和安装工作，共发生成本4 000万元，其中按照丙公司要求向第三方采购设备发生支出3 000万元。2×23年8月1日，甲公司按计划的成本和时间完成生产线的建造，丙公司组织验收生产线并于当日投入使用。

（3）2×22年3月，甲公司开发的一款处方药取得批准并对外销售，为了尽快获得市场认可，甲公司批准了一项销售政策：医院购买的该药品在有效期内若未实现对外销售，可返还给甲公司，该药品自出厂之日起一年内有效。2×22年3月1日至12月31日期间，甲公司对外销售该药品5 000箱，每箱售价3万元，每箱成本1万元，甲公司估计该药品退货率为20%。根据国家政策，甲公司收到退回的该药品应予以销毁。

2×23年4月10日，甲公司对2×22年销售的该药品截至2×23年3月底的退货情况统计，并得出实际退货率为10%。甲公司管理层根据实际退货统计情况，对该药品退货率进行重新估计，将该药品的退货率调整为15%。

2×23年4月20日，甲公司2×22年财务报告经批准对外报出。

（4）2×22年12月20日，甲公司股东大会通过一项关于发行限制性股票的决议：甲公司以每股5元价格向100名研发人员每人发行10 000股股票，研发人员购买股票后，自2×23年起需要在甲公司连续服务三年，三年期满未离开。甲公司的股票每股面值为1元，在该日公允价值为每股20元。

2×23年，有5名研发人员离开，甲公司按照约定回购了离职人员购买的股票，并按有关程序予以注销。当年末，甲公司预计三年中离开的研发人员比例达到10%。

其他资料：第一，复利现值系数：（P/F,6%,3）=0.8396，（P/F,9%,3）=0.7722；年金现值系数：（P/A,6%,3）=2.6730，（P/A,9%,3）=2.5313；第二，相关交易收付款项均以银行存款按合同约定时间收取或支付；第三，甲公司发生的研发费用全部费用化计入当期损益；第四，不考虑税费影响。

要求：

（1）计算甲公司发行的可转债在2×22年应确认的利息费用，并编制甲公司2×22年与发行可转债和确认利息费用相关的会计分录；

（2）判断甲公司为丙公司建造生产线是否属于在某一时段内履行的履行义务，并说明理由；计算甲公司2×22年和2×23年分别应确认的收入金额，并编制相关的会计分录；

（3）编制甲公司2×22年确认药品销售收入的会计分录；判断甲公司对退货率调整是否属于2×22年资产负债表日后调整事项，说明理由，并编制相关会计分录；

（4）编制甲公司发行股份的会计分录，计算甲公司2×23年应确认的股份支付费用，编制确认股份支付费用和回购并注销股票的会计分录。

2. 甲公司为一上市的集团公司，原持有乙公司30%股权，能够对乙公司施加重大影响。甲公司2×23年及2×24年发生的相关交易事项如下：

（1）2×23年1月1日，甲公司从乙公司的控股股东——丙公司处受让乙公司50%股权，受让价格为13 000万元，款项已用银行存款支付，并办理了股东变更登记手续。购买日，乙公司可辨认净资产的账面价值为18 000万元，公允价值为20 000万元（含原未确认的无形资产公允价值2 000万元），除原未确认入账的无形资产外，其他各项可辨认资产及负债的公允价值与账面价值相同。上述无形资产系一项商标权，自购买日开始尚可使用10年，预计净残值为零，采用直线法摊销。甲公司受让乙公司50%后，共计持有乙公司80%股权，能够对乙公司实施控制。甲公司受让乙公司50%股权时，所持乙公司30%股权的账面价值为5 400万元，其中投资成本4 500万元，损益调整870万元，其他权益变动30万元；公允价值为6 200万元。

（2）2×23年1月1日，乙公司个别财务报表中所有者权益的账面价值为18 000万元，其中实收资本15 000万元，资本公积100万元，盈余公积为290万元，未分配利润2 610万元。2×23年度，乙公司个别财务报表实现净利润500万元，因其他债权投资公允价值变动产生的其他综合收益60万元。

（3）2×24年1月1日，甲公司向丁公司转让所持乙公司股权70%，转让价格为20 000万元，款项已经收到，并办理了股东变更登记手续。出售日，甲公司所持乙公司剩余10%股权的公允价值为2 500万元。转让乙公司70%股权后，甲公司不能对乙公司实施控制、共同控制和重大影响。

其他有关资料：

甲公司与丙公司、丁公司于交易发生前无任何关联方关系。甲公司受让乙公司50%股权后，甲公司与乙公司无任何关联方交易。

乙公司按照净利润的10%计提法定盈余公积，不计提任意盈余公积。2×23年度及2×24年度，乙公司未向股东分配利润。

不考虑相关税费及其他因素。

要求：

（1）根据资料（1），计算甲公司2×23年度个别财务报表中受让乙公司50%股权后长期股权投资的初始投资成本，并编制与取得该股权相关的会计分录。

（2）根据资料（1），计算甲公司2×23年度合并财务报表中因购买乙公司发生的合并成本及应列报的商誉。

（3）根据资料（1），计算甲公司2×23年度合并财务报表中因购买乙公司50%股权应确认的投资收益。

（4）根据资料（1）和（2），编制与甲公司2×23年度合并资产负债表和合并利润表相关的调整及抵销分录。

（5）根据上述资料，计算甲公司2×24年度个别财务报表中因处置70%股权应确认的投资收益，并编制相关会计分录。

（6）根据上述资料，计算甲公司2×24年度合并财务报表中因处置70%股权应确认的投资收益。

2024年注册会计师全国统一考试
《会计》全真模拟试题（五）参考答案及解析

一、单项选择题

1. 【答案】C

【解析】谨慎性要求企业对交易或者事项进行会计确认、计量和报告应当保持应有的谨慎，不应高估资产或收益、低估负债或者费用。对售出商品可能发生的保修义务等确认预计负债等，就体现了谨慎性要求。

2. 【答案】C

【解析】N产品的成本 = 200 + 110 = 310（万元），N产品的可变现净值 = 30 × 10 − 0.5 × 10 = 295（万元），成本 > 可变现净值，N产品发生减值，所以用于生产N产品的M原材料发生了减值。M原材料对应的成本 = 200（万元），M原材料的可变现净值 = 30 × 10 − 110 − 0.5 × 10 = 185（万元），故应当计提存货跌价准备 = 200 − 185 = 15（万元）。

3. 【答案】D

【解析】选项A，不需要考虑与所得税收付相关的现金流量；选项B，公允价值减去处置费用后的净额与预计未来现金流量现值中存在一个大于账面价值的，则不应该计提减值；选项C，不需要考虑与改良有关的预计现金流量。

4. 【答案】C

【解析】选项C，同一控制下企业合并中股权投资入账价值与支付对价账面价值的差额计入资本公积——股本溢价（或资本溢价），在长期股权投资处置时无需转出。

5. 【答案】A

【解析】选项B，应该计入当期成本或损益；选项C，应该计入当期成本或损益；选项D，应该计入其他综合收益。

6. 【答案】B

【解析】甲公司2 × 23年度为建造该大型设备应予以资本化的借款利息金额 = 2 000 × 4% × 9/12 = 60（万元）。

7. 【答案】C

【解析】该业务重组计划对甲公司2 × 22年度利润总额的影响金额 = − 100 − 20 − 65 = − 185（万元），因将门店内库存存货运回公司本部将发生的运输费5万元，该支出与存货继续进行的活动相关，不属于与重组有关的支出，不应予以确认，在实际发生时计入当期损益即可。

8. 【答案】B

【解析】2×23 年 12 月 31 日，甲公司该债券的摊余成本 = 1052 + 35 − 1 000 × 5% = 1 037（万元）。

9. 【答案】A

【解析】甲公司应收取的租金总额 = 90 + 120 × 3 = 450（万元），甲公司 2 × 23 年应确认的租金收入 = 450/(4 × 12) × 6 = 56.25（万元）。

10. 【答案】B

【解析】甲公司 2 × 23 年的所得税费用 = ［210 − 10 + 20 −（25 − 20）/25%］× 25% +（25 − 20）= 55（万元）。

11. 【答案】A

【解析】事项（1）属于筹资活动；事项（2）属于投资活动；其余事项属于经营活动，产生的经营活动现金流量净额 = + 120 + 260 + 400 = 780（万元）。

12. 【答案】B

【解析】甲公司2 × 23年基本每股收益 = 8 200/(10 000 × 1.2 + 2 400 × 3/12 × 1.2) = 0.64（元）。

13. 【答案】C

【解析】选项 A，一般情况，对于无条件的捐赠，民间非营利组织应当在捐赠收到时确认收入；对于附条件的捐赠，应当在取得捐赠资产控制权时确认收入；选项 B，如果捐赠方没有提供有关凭据，受赠的非现金资产按公允价值入账；选项 D，接受劳务捐赠不予确认。

二、多项选择题

1. 【答案】ABCD

【解析】选项 D，因为土地使用权的经济利益通过建造厂房实现，所以土地使用权的摊销金额可以资本化（计入在建工程成本）。

2. 【答案】ABCD

【解析】四个选项均正确。

3. 【答案】AD

【解析】选项 B，除非是立即可行权的处理，否则不论是现金结算的股份支付还是权益结算的股份支付，在授予日均不做处理；选项 C，员工没有满足市场条件时，只要满足了其他非市场条件，企业也应当确认相关成本费用。

4. 【答案】ACD

【解析】该资产符合持有待售资产的划分条件，应该在签订合同日将其转为“持有待售资产”，自下个月停止计提折旧，因此选项 A 正确；持有待售固定资产按照账面价值与公允价值减去出售费用后的净额孰低计量，列报金额为 2 480（2 600 − 120）万元，因此选项 B 错误；确定收到的赔偿款属于“营业外收入”，因此选项 C 正确。划分为持有待售的会计分录如下：

借：持有待售资产　　3 200

累计折旧
贷：固定资产

借：资产减值损失 720
　贷：持有待售资产减值准备 720

5.【答案】ABCD

【解析】选项A，企业为取得合同发生的增量成本预期能够收回的，应当作为合同取得成本确认为一项资产，而不是作为合同履约成本确认为资产。选项B、C、D，企业为履约合同发生的支出属于下列支出时，不应作为合同履约成本确认为资产，而应将其计入当期损益：

一是管理费用，除非这些费用明确由客户承担；

二是非正常消耗的直接材料、直接人工和制造费用（或类似费用），这些支出为履行合同发生，但未反映在合同价格中；

三是与履约义务中已履行（包括已全部履行或部分履行）部分相关的支出，即该支出与企业过去的履约活动相关；

四是无法在尚未履行的与已履行（或已部分履行）的履约义务之间区分的相关支出。

6.【答案】AC

【解析】选项A，当期应计入损益的政府补助＝1 600＋260＝1 860（万元）；选项B，当期取得与收益相关的政府补助＝260＋4 000＝4 260（万元）；选项C，当期取得与资产相关的政府补助＝3000（万元）；选项D，当期计入资本公积的金额为0。

7.【答案】BD

【解析】选项AC，商业承兑汇票、3个月内到期的国债属于货币性资产，涉及的交易不属于非货币性资产交换；选项D，换出资产为其他权益工具投资时，属于非货币性资产交换，但是不适用非货币性资产交换准则，而适用金融工具相关准则，本题仅要求判断是否属于非货币性资产交换，不要求选择适用的准则，因此该选项也符合题意。

8.【答案】AD

【解析】甲公司应确认的债务重组损益＝920－（1 200－240）＝－40（万元），确认增值税进项税额＝8×100×13%＝104（万元），确认丙产品入账价值＝920－120－800×13%＝696（万元），选项B、C错误；

甲公司会计处理：

借：应收票据 120
　库存商品 696
　应交税费——应交增值税（进项税额） 104
　坏账准备 240
　投资收益 40
　贷：应收账款 1 200

乙公司的会计处理：

借：应付账款 1 200
　贷：库存商品 500
　　应交税费——应交增值税（销项税额） 104
　　应收票据 120

其他收益 476

9. 【答案】AC

【解析】合并报表中对境外子公司财务报表折算产生的差额应由控股股东和少数股东共同承担，选项B错误。处置境外子公司时，视全部处置或部分处置分别予以终止确认（计入投资收益）或转入少数股东权益，选项D错误。

10. 【答案】AB

【解析】选项C，属于会计估计变更；选项D，由于处置股权导致的核算方法的改变，属于正常事项，不属于会计政策变更。

11. 【答案】ABD

【解析】选项C，属于非调整事项。

12. 【答案】ACD

【解析】第二层次输入值包括：（1）活跃市场中类似资产或负债的报价；（2）非活跃市场中相同或类似资产或负债的报价；（3）除报价以外的其他可观察输入值，包括在正常报价间隔期间可观察的利率和收益率曲线等；（4）市场验证的输入值等。选项B属于第一层次输入值。

三、计算分析题

1. 【答案】

（1）长期股权投资的账面价值 =1 900（万元），长期股权投资的计税基础 =1 000（万元），账面价值与计税基础的差异形成暂时性差异，不需要确认递延所得税；理由：甲公司计划于2×16年出售该项股权投资，但出售计划尚未经董事会和股东大会批准，企业不能确定是否会出售该股权投资，此时说明该长期股权投资属于拟长期持有的股权投资，不能确定其暂时性差异的转回时间和转回方式，因此不需要确认递延所得税。

（2）①递延所得税负债的期末余额 =0。

②根据资料（2），2×23年，甲公司根据会计准则规定在当期确认的成本费用为550万元，但预计未来期间可税前扣除的金额为1 600万元，超过了该公司当期确认的成本费用。根据企业会计准则讲解的规定，超过部分的所得税影响应直接计入所有者权益。应确认递延所得税资产的金额 =1 600×25% =400（万元）。

因此，具体的所得税会计处理如下：

借：递延所得税资产 （1 600×25%）400

贷：所得税费用 （550×25%）137.5

资本公积——其他资本公积 [（1 600 -550）×25%] 262.5

根据资料（3），企业可以税前扣除的业务宣传费 =9 000×15% =1 350（万元）；实际发生金额1 600万元，形成可抵扣暂时性差异250万元，应确认递延所得税资产 =250×25% =62.5（万元）；相关会计分录为：

借：递延所得税资产 62.5

贷：所得税费用 62.5

根据资料（4），因弥补亏损转回递延所得税资产 =400×25% =100（万元）；相关会计分录为：

借：所得税费用　　100

　　贷：递延所得税资产　　100

因此，递延所得税资产的期末余额 =100 +400 +62.5 -100 =462.5（万元）。

③企业应纳税所得额 =4 500 -400（转回的可抵扣亏损）-300（权益法确认的投资收益）+550（股份支付费用）+（1 600 -9 000 ×15%）（宣传费超标）=4 600（万元）；

应交所得税（当期所得税）=4 600 ×25% =1 150（万元）；

所得税费用 = 当期所得税费用1 150 + 递延所得税费用（-137.5 -62.5 +100）=1 050（万元）。相关会计分录为：

借：所得税费用　　1 150

　　贷：应交税费——应交所得税　　1 150

2.【答案】

（1）事项（1）甲公司的会计处理不正确。理由：企业购入折价发行的债券，应该将折价金额计入以摊余成本计量的金融资产的初始成本，且后续采用实际利率法对该折价金额进行摊销。更正分录为：

借：财务费用　　63.05

　　贷：债权投资—利息调整　　63.05

该债券预计未来现金流量的现值 =165 ×（P/A,6%,5）+30 000 ×（P/F,6%,5）=165 ×4.2124 +3 000 ×0.7473 =2 936.95（万元）。因此该债券的实际利率为 6%。本期应分摊的利息调整金额 =2 936.95 ×6% -165 =11.22（万元）。

借：债权投资——利息调整　　11.22

　　贷：投资收益　　11.22

（2）甲公司会计处理不正确。

理由：该政府补助资助的是企业的研究项目，属于与收益相关的政府补助，应当按照时间进度或已发生支出占预计总支出的比例结转计入损益。

借：其他收益　　1 395

　　贷：递延收益　　1 395

（3）甲公司的会计处理不正确。理由：以公允价值计量且其变动计入其他综合收益的金融资产（权益工具），不计提损失准备。更正分录为：

借：其他综合收益—信用减值准备　　2 000

　　贷：信用减值损失　　2 000

借：其他综合收益—其他权益工具投资公允价值变动　　2 000

　　贷：其他权益工具投资—公允价值变动　　2 000

（4）甲公司会计处理不正确。

理由：甲公司用于生产线建设资金为股东投资，属于自有资金，不属于专门借款或一般借款，其没有利息费用，同时，也不能将其投资收益用于冲减所建资产的成本。

借：在建工程　　38.40

　　贷：财务费用（或投资收益）　　38.40

四、综合题

1.【答案】

(1) 甲公司发行的可转换公司债券负债成分的公允价值 $=60\times100\times6\%\times(P/A,9\%,3)+60\times100\times(P/F,9\%,3)=60\times100\times6\%\times2.5313+60\times100\times0.7722=5\ 544.47$（万元）

权益成分的公允价值 $=60\times100-5\ 544.47=455.53$（万元）

甲公司发行的可转换公司债券2×18年应确认的利息费用 $=5\ 544.47\times9\%=499$（万元）

甲公司2×22年与发行可转债相关的会计分录：

借：长期股权投资　（60×100）6 000

　应付债券——可转换公司债券（利息调整）　（6 000－5 544.47）455.53

　贷：应付债券——可转换公司债券（面值）　6 000

　　其他权益工具　455.53

甲公司2×22年与确认利息费用相关的会计分录：

借：财务费用　499

　贷：应付利息　（6 000×6%）360

　　应付债券——可转换公司债券（利息调整）　（499－360）139

(2) 甲公司为丙公司建造生产线属于在某一时段内履行的履行义务；理由：①合同约定，根据丙公司质量控制要求，甲公司在丙公司的生产车间建造一条疫苗生产线，负责生产线的总体规划设计、设备采购、安装调试，保证生产线达到丙公司要求。说明丙公司能够控制履约过程中的在建商品。②如果甲公司终止合同，已完成的建造部分归丙公司所有，丙公司可在甲公司工作的基础上，聘请其他单位继续完成生产线的建造，说明丙公司在甲公司履约的同时即取得并消耗甲公司履约所带来的经济利益。

2×22年应确认的收入 $=(4\ 000-3\ 000)/(6\ 000-3\ 000)\times(9\ 000-3\ 000)+3\ 000=5\ 000$（万元）

2×23年应确认的收入 $=9\ 000-5\ 000=4\ 000$（万元）

2×22年2月1日

借：应收账款　900

　贷：合同结算　（9 000×10%）900

借：银行存款　900

　贷：应收账款　900

2×22年12月31日

借：应收账款　2 700

　贷：合同结算　（9 000×30%）2 700

借：银行存款　2 700

　贷：应收账款　2 700

借：合同结算　5 000

　贷：主营业务收入　5 000

借：合同履约成本　4 000

　贷：银行存款等　4000

借：主营业务成本　　4 000
　　贷：合同履约成本　　4 000

2×23 年 8 月 1 日

借：应收账款　　（9 000×50%）4 500
　　贷：合同结算　　4 500
借：银行存款　　4 500
　　贷：应收账款　　4 500
借：合同结算　　4 000
　　贷：主营业务收入　　4 000
借：合同履约成本　　2 000
　　贷：银行存款等　　（6 000－4 000）2 000
借：主营业务成本　　2 000
　　贷：合同履约成本　　2 000

【参考解析】注意：因为设备价款部分不能反映真正的履约进度，所以在计算履约进度的时候需要扣除这部分，2×22年末履约进度应该＝(4 000－3 000)/(6 000－3 000)×100%＝33.33%，应该确认的收入＝(4 000－3 000)/(6 000－3 000)×(9 000－3 000)＋3 000＝5 000（万元）。

（3）甲公司 2×22 年确认药品销售收入的会计分录：

2×22 年 12 月 31 日

借：银行存款　　（5 000×3）15 000
　　贷：主营业务收入　　（15 000－3 000）12 000
　　　　预计负债　　（15 000×20%）3 000
借：主营业务成本　　5 000
　　应收退货成本　　（5 000×20%）1 000
　　贷：库存商品　　5 000

甲公司对退货率调整属于 2×22 年资产负债表日后调整事项；理由：因为该销售事项在资产负债表日前已经存在，日后期间按照新取得的证据对原来已存在情况进行调整，应作为日后调整事项处理。分录为：

借：预计负债　　[15 000×(20%－15%)] 750
　　贷：以前年度损益调整——调整主营业务收入　　750
借：以前年度损益调整——调整主营业务成本　　250
　　贷：应收退货成本　　[5 000×(20%－15%)] 250

（4）甲公司发行股份的会计分录：

借：银行存款　　（5×100×1）500
　　贷：股本　　100
　　　　资本公积——股本溢价　　400
借：库存股　　500
　　贷：其他应付款　　500

甲公司2×23年应确认的股份支付费用＝100×(1－10%)×1×(20－5)×1/3＝450（万元）

确认股份支付费用的会计分录：

借：研发支出　　450

　　贷：资本公积——其他资本公积　　450

回购并注销股票的会计分录：

借：其他应付款　　（5×1×5）25

　　贷：银行存款　　25

借：股本　　5

　　资本公积——股本溢价　　（25－5）20

　　贷：库存股　　25

2.【答案】

（1）长期股权投资的初始投资成本＝5 400＋13 000＝18 400（万元）

借：长期股权投资　　13 000

　　贷：银行存款　　13 000

（2）合并成本＝6 200＋13 000＝19 200（万元）

商誉＝6 200＋13 000－20 000×80%＝3 200（万元）

（3）应确认的投资收益＝6 200－5 400＋30＝830（万元）

（4）

借：无形资产　　2 000

　　贷：资本公积　　2 000

借：管理费用　　200

　　贷：无形资产　　200

借：长期股权投资　　800

　　贷：投资收益　　800

借：资本公积　　30

　　贷：投资收益　　30

借：长期股权投资　　288

　　贷：投资收益　　240

　　　　其他综合收益　　48

借：实收资本　　15 000

　　资本公积　　2 100

　　其他综合收益　　60

　　盈余公积　　340

　　年末未分配利润　　2 860

　　商誉　　3 200

　　贷：长期股权投资　　19 488

　　　　少数股东权益　　4072

借：投资收益　　240

　　少数股东损益　　60

　　年初未分配利润　　2 610

贷：提取盈余公积 50

年末未分配利润 2 860

（5）应确认的投资收益 =20 000 -16 100 +30 +2 500 -2 300 =4 130（万元）

借：银行存款 20 000

贷：长期股权投资 16 100

投资收益 3 900

借：资本公积 30

贷：投资收益 30

借：其他权益工具投资（或交易性金融资产） 2 500

贷：长期股权投资 2 300

投资收益 200

借：银行存款 20 000

其他综合收益 30

其他权益工具投资（或交易性金融资产） 2 500

贷：长期股权投资 18 400

投资收益 4 130

（6）应确认的投资收益 =20 000 +2 500 -（18 000 +2 000 +500 +60 -200）×80% -3 200 +60 ×80% =3 060（万元）

2024 年注册会计师全国统一考试
《会计》全真模拟试题（六）

一、单项选择题（共 13 个小题，每个小题 2 分，共 26 分）

1. 下列各项关于企业会计信息质量要求的表述中，正确的是（　　）。

A. 企业低估资产或者收益，体现了谨慎性要求

B. 在符合重要性和成本效益原则前提下保证会计信息的完整性，体现了重要性要求

C. 金融企业财务报表不区分流动资产和非流动资产，体现了可靠性要求

D. 企业不得随意变更会计政策，体现了可比性要求

2. 2×23 年 12 月 31 日，甲公司向乙公司订购的印有甲公司标志、为促销宣传准备的挂件到货并收到相关购货发票，50 万元货款已经支付。该挂件将按计划于 2×24 年 1 月向客户及潜在客户派发。不考虑相关税费及其他因素，下列关于甲公司 2×23 年对订购挂件所发生支出的会计处理中，正确的是（　　）。

A. 确认为库存商品　　B. 确认为当期销售成本

C. 确认为当期管理费用　　D. 确认为当期销售费用

3. 甲公司为增值税一般纳税人。2×22 年 2 月，甲公司对一条生产线进行改造，该生产线改造时的账面价值为 3 500 万元。其中，拆除原冷却装置部分的账面价值为 500 万元。生产线改造过程中发生以下费用或支出：（1）购买新的冷却装置 1 200 万元，增值税税额 156 万元；（2）在资本化期间内发生专门借款利息 80 万元；（3）生产线改造过程中发生人工费用 320 万元；（4）领用库存原材料 200 万元，增值税税额 26 万元；（5）外购工程物资 400 万元（全部用于该生产线），增值税税额 52 万元。该改造工程于 2×23 年 12 月达到预定可使用状态。不考虑其他因素，甲公司对该生产线更新改造后的入账价值是（　　）。

A. 4 000 万元　　B. 5 200 万元　　C. 5 700 万元　　D. 5 434 万元

4. 甲公司持有乙公司 30% 的股权，能够对乙公司施加重大影响。2×23 年度乙公司实现净利润 8 000 万元，当年 6 月 20 日，甲公司将成本为 600 万元的商品以 1 000 万元的价格出售给乙公司，乙公司将其作为管理用固定资产并于当月投入使用，预计使用年限为 10 年，预计净残值为零，采用年限平均法计提折旧。不考虑其他因素，甲公司在其 2×23 年度的个别财务报表中应确认对乙公司投资的投资收益为（　　）。

A. 2 100 万元　　B. 2 280 万元　　C. 2 286 万元　　D. 2 400 万元

5. 企业在计量资产可收回金额时，下列各项中，不属于资产预计未来现金流量的是（　　）。

A. 为维持资产正常运转发生的现金流出

B. 资产持续使用过程中产生的现金流入

C. 未来年度为改良资产发生的现金流出

D. 未来年度因实施已承诺重组减少的现金流出

6. 甲公司实行累积带薪休假制度，当年未享受的休假只可结转至下一年度。2×22年末，甲公司因当年度管理人员未享受休假而预计了将于2×23年支付的职工薪酬20万元。2×23年末，该累积带薪休假尚有40%未使用，不考虑其他因素。下列各项中，关于甲公司因其管理人员2×23年未享受累积带薪休假而原多预计的8万元负债（应付职工薪酬）于2×23年的会计处理，正确的是（　　）。

A. 不作账务处理

B. 从应付职工薪酬转出计入资本公积

C. 冲减当期的管理费用

D. 作为会计差错追溯重述上年财务报表相关项目的金额

7. 2×22年12月1日，甲公司与乙公司签订一项不可撤销的产品销售合同，合同规定：甲公司于3个月后提交乙公司一批产品，合同价格（不含增值税额）为500万元，如甲公司违约，将支付违约金100万元。至2×22年年末，甲公司为生产该产品已发生成本20万元，因原材料价格上涨，甲公司预计生产该产品的总成本为580万元。不考虑其他因素，2×22年12月31日，甲公司因该合同确认的预计负债为（　　）。

A. 20万元　　B. 60万元　　C. 80万元　　D. 100万元

8. 对于以公允价值计量且其变动计入其他综合收益的金融资产，下列各项中一定应当直接计入发生当期损益的是（　　）。

A. 该类金融资产公允价值的增加

B. 购买该类金融资产时发生的交易费用

C. 指定为该类金融资产的非交易性权益工具投资处置时应结转的其他综合收益

D. 分类为该类金融资产的债务工具投资处置时应结转的其他综合收益

9. 2×22年1月2日，甲公司采用融资租赁方式出租一条生产线。租赁合同规定：（1）租赁期为10年，每年收取固定租金20万元；（2）除固定租金外，甲公司每年按该生产线所生产的产品销售额的1%提成，据测算平均每年提成约为2万元；（3）承租人提供的租赁资产担保余值为10万元；（4）与承租人和甲公司均无关联关系的第三方提供的租赁资产担保余值为5万元。甲公司租赁期开始日应确认的租赁收款额为（　　）。

A. 200万元　　B. 206万元　　C. 215万元　　D. 236万元

10. 2×23年12月12日，甲公司与乙公司签订具有法律约束力的股权转让协议，将其持有子公司——丙公司70%的股权转让给乙公司。甲公司原持有丙公司90%的股权，转让完成后，甲公司将失去对丙公司的控制，但能够对丙公司实施重大影响。截至2×23年12月31日止，上述股权转让的交易尚未完成。假定甲公司就出售的对丙公司股权投资满足划分为持有待售类别的条件。不考虑其他因素，下列各项关于甲公司2×23年12月31日合并资产负债表列报的表述中，正确的是（　　）。

A. 对丙公司全部资产和负债按其净额在持有待售资产或持有待售负债项目列报

B. 将丙公司全部资产在持有待售资产项目列报，全部负债在持有待售负债项目列报

C. 将拟出售的丙公司70%股权部分对应的净资产在持有待售资产或持有待售负债项目列报，其余丙公司20%股权部分对应的净资产在其他流动资产或其他流动负债项目列报

D. 将丙公司全部资产和负债按照其在丙公司资产负债表中的列报形式在各个资产和负债项目分别列报

11. 不考虑其他因素，下列各项中，构成甲公司关联方的是（　　）。

A. 与甲公司同受乙公司重大影响的长江公司

B. 与甲公司存在长期业务往来，为甲公司供应40%原材料的黄河公司

C. 与甲公司共同出资设立合营企业的合营方长城公司

D. 对甲公司具有重大影响的个人投资者丙全额出资设立的黄山公司

12. 甲公司2×23年实现归属于普通股股东的净利润为1 500万元，发行在外普通股的加权平均数为3 000万股。甲公司2×23年有两项与普通股相关的合同：（1）4月1日授予的规定持有者可于2×24年4月1日以5元/股的价格购买甲公司900万股普通股的期权合约；（2）7月1日授予员工100万份股票期权，每份期权于2年后的到期日可以3元/股的价格购买1股甲公司普通股。甲公司2×23年普通股平均市场价格为6元/股。不考虑其他因素，甲公司2×23年稀释每股收益是（　　）。

A. 0.38元/股　　B. 0.48元/股　　C. 0.49元/股　　D. 0.50元/股

13. 政府会计由预算会计和财务会计构成，下列关于政府会计的表述中，错误的是（　　）。

A. 预算会计实行收付实现制，财务会计实行权责发生制

B. 政府会计主体应当建立预算会计和财务会计两套账，分别反映政府会计主体的预算执行信息和财务信息

C. 政府会计应当实现预算会计和财务会计双重功能

D. 政府会计主体应当以预算会计核算生成的数据为基础编制政府决算报告，以财务会计核算生成的数据为基础编制政府财务报告

二、多项选择题（共12个小题，每个小题2分，共24分）

1. 2×22年1月1日，甲公司从乙公司购入一项无形资产，由于资金周转紧张，甲公司与乙公司协议以分期付款方式支付款项。协议约定：该无形资产作价2 000万元，甲公司每年年末付款400万元，分5年付清。假定银行同期贷款利率为5%，5年期5%利率的年金现值系数为4.3295。不考虑其他因素，下列甲公司与该无形资产相关的会计处理中，正确的有（　　）。

A. 2×22年财务费用增加86.59万元

B. 2×23年财务费用增加70.92万元

C. 2×22年1月1日确认无形资产入账成本2 000万元

D. 2×22年12月31日长期应付款列报为2 000万元

2. 下列关于附等待期的股份支付会计处理的表述中，正确的有（　　）。

A. 以权益结算的股份支付，相关权益性工具的公允价值在授予日后不再调整

B. 附市场条件的股份支付，应在市场及非市场条件均满足时确认相关成本费用

C. 现金结算的股份支付在授予日不作会计处理，权益结算的股份支付应予处理

D. 职工或其他方能够选择满足非可行权条件但在等待期内未满足的，例如职工在等待期内认为激励计划约定的行权价较高而自愿退出股权激励计划，企业应当将其作为授予权益工具的取消处理

3. 根据企业会计准则的规定，符合资本化条件的资产在购建或生产的过程中发生非正常中断且中断时间连续超过 3 个月的，应当暂停借款费用的资本化。下列各项中，属于资产购建或生产非正常中断的有（　　）。

A. 因劳资纠纷导致工程停工

B. 因发生安全事故被相关部门责令停工

C. 因资金周转困难导致工程停工

D. 因工程用料未能及时供应导致工程停工

4. 对于在某一时点履行的履约义务，企业应当在客户取得相关商品控制权时确认收入，在判断客户是否取得商品的控制权时，企业应当考虑的迹象有（　　）。

A. 客户已拥有该商品的法定所有权

B. 客户就该商品负有现时付款义务

C. 客户已接受该商品

D. 客户已取得该商品所有权上的主要风险和报酬

5. 甲公司为境内上市公司，2 ×23 年发生的有关交易或事项包括：（1）因增资取得母公司投入资金 2000 万元；（2）享有联营企业持有的其他债权投资当年公允价值增加额 150 万元；（3）收到税务部门返还的增值税款 120 万元；（4）收到政府对公司前期已发生亏损的补贴 300 万元。甲公司对政府补助采用总额法核算，不考虑其他因素，甲公司 2 ×23 年对上述交易或事项会计处理正确的有（　　）。

A. 收到返还的增值税款 120 万元确认为资本公积

B. 收到政府亏损补贴 300 万元确认为当期其他收益

C. 取得其母公司 2 000 万元投入资金确认为股本及资本公积

D. 应享有联营企业 150 万元的其他债权投资公允价值增加额确认为其他综合收益

6. 甲公司适用所得税税率为 25%，其 2 ×23 年发生的交易或事项中，会计与税收处理存在差异的事项如下：①当期购入指定为以公允价值计量且其变动计入其他综合收益的非交易性权益工具投资，期末公允价值大于取得成本 160 万元，税法规定，企业应按照股票投资的取得成本计量其价值；②收到与资产相关政府补助 1 600 万元（假定甲公司采用总额法核算政府补助），相关资产至年末尚未开始计提折旧，税法规定，企业取得的政府补助应于取得时确认为应税收入。甲公司 2 ×23 年利润总额为 5 200 万元，假定递延所得税资产、递延所得税负债年初余额为零，未来期间能够取得足够应纳税所得额利用可抵扣暂时性差异。下列关于甲公司 2 ×23 年所得税的处理中，正确的有（　　）。

A. 所得税费用为 900 万元

B. 应交所得税为 1 300 万元

C. 递延所得税负债为 40 万元

D. 递延所得税资产为 400 万元

7. 甲公司为一部影视视频平台提供商。2×23年，甲公司以其拥有的一部电影的版权与乙公司一电视剧作品的版权交换。换出版权在甲公司的账面价值为900万元，换入版权在乙公司的账面价值为650万元。交易中未涉及货币资金收付。不考虑其他因素，下列各项关于甲公司对该交易的会计判断中，符合会计准则规定的有（　）。

A. 该交易属于非货币性资产交换，应当按照非货币性资产交换的原则进行会计处理

B. 因换出电影版权处于使用期间内且无市场交易价值可供借鉴，在确定其公允价值时，可参考同类作品的对外版权许可收入并作适当调整

C. 无法可靠确定换入、换出资产公允价值的情况下，应按照换出资产的账面价值并考虑相关税费作为换入资产的入账价值

D. 因换入、换出资产内容、制作方法和演员团队、适应用户人群等并不相同，其带来的预期现金流量存在差异，该交易具有商业实质

8. 甲公司应付乙公司的购货款2 000万元于2×23年6月20日到期，甲公司无力按期支付，经与乙公司协商进行债务重组，甲公司以其生产的200件A产品抵偿该债务，甲公司将抵债产品运抵乙公司并开具增值税专用发票后，原2 000万元债务结清。该债务当日的公允价值为1 400万元。甲公司A产品市场价格为每件7万元（不含增值税），成本为每件4万元。6月30日，甲公司将A产品运抵乙公司并按照市价开具增值税专用发票。甲、乙公司均为增值税一般纳税人，适用的增值税税率均为13%。乙公司在该项交易前已就该债权计提500万元坏账准备。不考虑其他因素，下列关于该交易或事项的会计处理中，不正确的有（　）。

A. 甲公司应确认其他收益1 018万元

B. 乙公司应确认投资收益－600万元

C. 甲公司应确认债务重组收益1 200万元

D. 乙公司应确认取得A商品成本1 500万元

9. 下列关于外币资产负债表折算的表述中，不符合企业会计准则规定的有（　）。

A. 实收资本项目按交易发生日的即期汇率折算

B. 未分配利润项目按交易发生日的即期汇率折算

C. 资产项目按交易发生日即期汇率的近似汇率折算

D. 负债项目按资产负债表日即期汇率的近似汇率折算

10. 下列各项中，属于会计政策变更的有（　）。

A. 固定资产的预计使用年限由15年改为10年

B. 所得税会计处理由应付税款法改为资产负债表债务法

C. 投资性房地产的后续计量由成本模式改为公允价值模式

D. 开发费用的处理由直接计入当期损益改为有条件资本化

11. 甲公司2×22年财务报表于2×23年4月10日批准对外报出，下列各项关于甲公司2×23年发生的交易或事项中属于2×22年资产负债表日后调整事项的有（　）。

A. 3月2日，发现2×21年度存在一项重大会计差错，该差错影响2×21年利润表及资产负债表有关项目

B. 3月10日，2×22年底的一项未决诉讼结案，法院判决甲公司胜诉并获赔偿1800万元，但甲公司无法判断对方的财务状况和支付能力

C. 2月10日，甲公司董事会通过决议将投资性房地产的后续计量由成本模式改为公允价值模式

D. 4月3日，收到2×22年11月销售的一批已确认销售收入的商品发生10%的退货，按照购销合同约定，甲公司应当返还客户与该部分商品有关的货款

12. 2×23年1月1日，甲公司以1 200万元购买了乙公司10%的股权。乙公司为非上市公司，甲公司将对乙公司的投资分类为以公允价值计量且其变动计入当期损益的金融资产。2×23年12月31日，甲公司在确定对乙公司投资的公允价值时，下列各项表述中不正确的有（　　）。

A. 甲公司可以采用乙公司同行业上市公司的市盈率对乙公司股权进行估值

B. 甲公司可以采用现金流量折现法进行估值，使用税后现金流量和税后折现率

C. 鉴于持有乙公司的投资尚未超过一年，以1 200万元作为公允价值

D. 甲公司同时采用市场法和收益法进行估计，甲公司选择估值结果较高的市场法估值结果作为乙公司股权的公允价值

三、计算分析题（共2个小题，每个小题9分，共18分）

1. 甲公司为一家投资控股型公司，拥有各项业务的子公司。

（1）甲公司的子公司——乙公司是一家建筑承包商，从事办公室设计和建造业务。2×23年2月1日，乙公司与戊公司签订办公室建造合同，按照戊公司的特定要求在戊公司的土地上建造一栋办公楼。根据合同约定，建造办公楼的总价款为8 000万元，款项分三次收取。乙公司分别于合同签订日、完工进度到50%、竣工验收日收取合同造价的20%、30%、50%。

该工程于2×23年2月开工，预计2×20年年底完工。乙公司预计建造总成本6 500万元。截至2×23年12月31日止，累计实际发生的成本为3 900万元，乙公司根据累计实际发生的成本占预计总成本的比例确定履约进度。

（2）甲公司的子公司——丙公司为一家生产通信设备的公司。2×23年1月1日，与己公司签订专利技术合同，约定己公司可在5年内使用该专利技术生产A产品。丙公司向己公司收取由两部分金额组成的专利技术许可费：一是固定金额200万元的专利技术许可费，于每年年底收取；二是按照己公司A产品销售额的2%收取的提成，于第二年年初收取。根据以往的经验与做法，丙公司可合理预期不会对该专利技术实施重大影响活动。

2×23年12月31日，丙公司收到己公司支付的固定金额200万元。2×23年度，己公司销售A产品收入80 000万元。

其他相关资料：

第一，合同均符合企业会计准则，且均经各方管理层批准。

第二，丙公司和乙公司估计，因向客户转让商品或提供服务而有权收取的对价很可能收回。

第三，不考虑货币时间价值，不考虑税费及其他因素。

要求：

（1）根据资料（1），判断乙企业建造办公楼属于在某一时段内履行的履约义务还是某一时点履行的履约义务，并说明理由。

（2）根据资料（1），计算2×23年乙企业的履约进度，以及确认的收入和成本。

（3）根据资料（2），判断丙公司授权己公司专利技术使用权属于在某一时段内履行的履约义务还是某一时点履行的履约义务，并说明理由；丙公司按己公司销售A产品收入的2%收取的提成何时确认收入。

（4）根据材料（2），编制2×23年丙公司与收入确认相关的分录。

2. 甲股份有限公司（以下简称“甲公司”）2×23年发生的与职工薪酬相关的事项如下：

（1）4月10日甲公司董事会通过决议，以本公司的自产产品作为奖品，对乙车间全体员工超额完成一季度生产任务进行奖励，每位员工奖励一件产品，该车间员工总数200人，其中车间管理人员30人，一线生产工人170人。发放给员工的本公司产品市场售价为3 000元/件，成本为1 800元/件。4月20日，将200件产品发放给员工。

（2）甲公司共有2 000名员工，从2×23年1月1日起该公司实行累积带薪缺勤制度，规定每个职工可享受7个工作日的带薪假，未使用的年休假可以向后结转1个会计年度，超过期限作废，员工离职后不能取得现金支付。2×23年12月31日，每位职工当年平均未使用的假期为2天。根据过去经验的预期（该经验继续适用），甲公司预计2×24年有1 800名员工将享受不超过7天的带薪假期，剩余200名员工每人平均享受8.5天的带薪休假。该200名员工中150名为销售人员，50名为总部管理人员。甲公司平均每名员工每个工作日的工资为400元，甲公司职工年休假以后进先出为基础，即带薪假期首先从本年度享受的权利中扣除。

（3）甲公司正在研发丙研发项目，2×23年共发生项目研发人员工资200万元，其中自2×16年1月1日研发开始至6月30日期间发放的研发人员工资120万元，属于费用化支出；7月1日到11月30日研发项目达到预定用途前发放的研发人员工资80万元，属于资本化支出。研发人员工资已经以银行存款支付。

（4）2×23年12月20日，甲公司董事会做出决议，拟关闭在某地区的一个公司，针对该公司员工进行补偿，方案为：对因未达到法定退休年龄，提前离开公司的员工给予一次性离职补偿30万元。另外自其达到法定退休年龄后，按照每月1 000元的标准给予退休后补偿。涉及员工80人，每人30万元的一次性补偿2400万元已于12月26日支付；每月1 000元的退休后补偿将于2×24年1月1日陆续发放，根据精算结果甲公司估计补偿义务的现值为1 200万元。

其他有关资料：甲公司为增值税一般纳税人，适用的增值税率为13%，本题不考虑其他因素。

要求：就甲公司2×23年发生的与职工薪酬有关的事项，逐项说明其应进行的会计处理并编制相关会计分录。

四、综合题（共2个小题，每个小题16分，共32分）

1. 甲公司为境内上市公司，其2×23年度财务报告于2×24年3月20日经董事会批准对外报出。假定：不考虑相关税费及其他因素；不考虑提取盈余公积等利润分配因素。

2×23年，甲公司发生的部分交易或事项以及相关的会计处理如下：

（1）2×23年7月1日，甲公司实施一项向乙公司（甲公司的子公司）20名高管人员每人授予 20 000 份乙公司股票期权的股权激励计划。甲公司与相关高管人员签订的协议约定：每位高管人员自期权授予之日起在乙公司连续服务 4 年，即可以从甲公司购买 20 000 股乙公司股票，购买价格为 8 元/股。该股票期权在授予日（2×23 年 7 月 1 日）的公允价值为 14 元/份。2×23 年 12 月 31 日的公允价值为 16 元/份。截至 2×23 年末，20 名高管人员中没有人离开乙公司，估计未来 3.5 年内将有 2 名高管人员离开乙公司。

甲公司的会计处理如下：

借：管理费用　　63

　　贷：资本公积——其他资本公积　　63

（2）2×23 年 6 月 20 日，甲公司与丙公司签订广告发布合同。合同约定：甲公司在其媒体上播放丙公司的广告，每日发布 8 秒，播出期限为 1 年，自 2×23 年 7 月 1 日起至 2×24 年 6 月 30 日止，广告费用为 8 000 万元，于合同签订第二天支付 70% 的价款。合同签订第二天，甲公司收到丙公司按合同约定支付的 70% 价款，另外 30% 价款于 2×24 年 1 月支付。截至 2×23 年 12 月 31 日，甲公司按合同履行其广告服务义务。

甲公司的会计处理如下：

借：银行存款　　5 600

　　应收账款　　2 400

　　贷：主营业务收入　　8 000

（3）为支持甲公司开拓新兴市场业务，2×23 年 12 月 4 日，甲公司与其控股股东 P 公司签订债务重组协议，协议约定 P 公司豁免甲公司所欠 5 000 万元货款。甲公司的会计处理如下：

借：应付账款　　5 000

　　贷：投资收益　　5 000

（4）2×23 年 10 月 1 日，甲公司将持有的一项其他权益工具投资重分类为交易性金融资产。该金融资产的账面价值为 8 500 万元（持有期间公允价值上涨的金额为 500 万元），公允价值为 9 100 万元。

甲公司的会计处理如下：

借：交易性金融资产　　9 100

　　贷：其他权益工具投资——成本　　8 000

　　　　　　　　　　　——公允价值变动　　500

　　　　利润分配——未分配利润　　600

（5）由于出现减值迹象，2×23 年 6 月 30 日，甲公司对一栋专门用于出租给子公司戊公司的办公楼进行减值测试。该出租办公楼用成本模式进行后续计量，原值为 45 000 万元，已计提折旧 9 000 万元，以前年度未计提减值准备，预计该办公楼的未来现金流量现值为 30 000 万元，公允价值减去处置费用后的净额为 32 500 万元。甲公司的会计处理如下：

借：资产减值损失　　6 000

　　贷：投资性房地产减值准备　　6 000

甲公司对该办公楼采用年限平均法计提折旧，预计使用 50 年，截至 2×23 年 6 月 30 日，已计提折旧 10 年，预计净残值为零。2×23 年 7 月至 12 月，该办公楼收取租金 400 万元，计提折旧 375 万元。

甲公司的会计处理如下：

借：银行存款　　400

　贷：其他业务收入　　400

借：其他业务成本　　375

　贷：投资性房地产累计折旧　　375

（6）2×23 年 12 月 31 日，甲公司与己银行签订应收账款保理协议，协议约定：甲公司将应收大华公司账款 9 500 万元出售给己银行，价格为 9 000 万元；如果己银行无法在应收账款信用期过后六个月内收回款项，则有权向甲公司追索。合同签订日，甲公司将应收大华公司的有关资料交付己银行，并书面通知大华公司；己银行向甲公司支付了 9 000 万元。转让时，甲公司已对该应收账款计提了 1 000 万元的坏账准备。

甲公司的会计处理如下：

借：银行存款　　9 000

　　坏账准备　　1 000

　贷：应收账款　　9 500

　　　投资收益　　500

要求：

（1）根据上述资料逐项判断甲公司的会计处理是否正确，并说明理由；如果甲公司的会计处理不正确，编制更正的会计分录（无需通过"以前年度损益调整"科目）。

（2）根据资料（1），判断甲公司合并财务报表中该股权激励政策计划的类型，并说明理由。

（3）根据资料（5），判断甲公司合并财务报表中该办公楼应划分的资产类别（或报表项目），并说明理由。

2. 甲公司和乙公司 2×22 年度和 2×23 年度发生的有关交易或事项如下：

（1）2×22 年 5 月 20 日，乙公司的客户（丙公司）因产品质量问题向法院提起诉讼，请求法院裁定乙公司赔偿损失 120 万元，截至 2×22 年 6 月 30 日，法院尚未对上述案件作出判决，在向法院了解情况并向法院顾问咨询后，乙公司判断该产品质量诉讼案件发生赔偿损失的可能性小于 50%。

2×22 年 12 月 31 日，乙公司对丙公司产品质量诉讼案件进行了评估，认定该诉讼案状况与 2×22 年 6 月 30 日相同。

2×23 年 6 月 5 日，法院对丙公司产品质量诉讼案件做出判决，驳回丙公司的诉讼请求。

（2）因丁公司无法支付甲公司货款 3 500 万元，甲公司 2×22 年 6 月 8 日与丁公司达成债务重组协议。协议约定，双方同意丁公司以其持有乙公司的 60% 股权用以抵偿其欠付甲公司货款 3 500 万元。假定甲公司应收丁公司债权的公允价值为 3 300 万元，甲公司对上述应收账款已计提坏账准备 1 300 万元。

2×22 年 6 月 20 日，上述债务重组协议经甲公司、丁公司董事会和乙公司股东会批准。2×22 年 6 月 30 日，办理完成了乙公司的股东变更登记手续。同日，乙公司的董事会进行了改选，改选后董事会由 7 名董事组成，其中甲公司委派 5 名董事。乙公司章程规定，其财务和经营决策需经董事会 1/2 以上成员通过才能实施。

2×22年6月30日，乙公司可辨认净资产的账面价值为4 500万元，除下列表格中的项目外，其他可辨认资产、负债的公允价值与其账面价值相同。

单位：万元

项目	账面价值	公允价值
固定资产	1 000	1 500
或有负债	—	20

上述固定资产的成本为3 000万元，原预计使用30年，截至2×22年6月30日已使用20年，预计尚可使用10年。乙公司对上述固定资产采用年限平均法计提折旧，预计净残值为零。上述或有负债为乙公司因丙公司产品质量诉讼案件而形成的。

（3）2×22年12月31日，甲公司对乙公司的商誉进行减值测试。在进行商誉的减值测试时，甲公司将乙公司的所有资产认定为一个资产组，而且判断该资产组的所有可辨认资产不存在减值迹象。甲公司估计乙公司资产组的可收回金额为5 375万元。

（4）2×23年6月28日，甲公司与戊公司签订股权置换合同，合同约定：甲公司以其持有乙公司60%股权与戊公司所持有辛公司30%股权进行置换；甲公司所持有乙公司60%股权的公允价值为4 000万元，戊公司所持有辛公司30%股权的公允价值为2 800万元，戊公司另支付补价1 200万元。2×23年6月30日，办理完成了乙公司、辛公司的股东变更登记手续，同时甲公司收到了戊公司支付的补价1 200万元。

（5）其他资料如下：

①甲公司与丁公司、戊公司不存在任何关联方关系。甲公司在债务重组取得乙公司60%股权前，未持有乙公司股权。乙公司未持有任何公司的股权。

②乙公司2×22年7月1日至12月31日期间实现净利润200万元。2×23年1月1日至6月30日期间实现净利润260万元。除实现的净利润外，乙公司未发生其他影响所有者权益变动的事项。

③本题不考虑税费及其他影响事项。

要求：

（1）对丙公司产品质量诉讼案件，判断乙公司在其2×22年12月31日资产负债表中是否应当确认预计负债，并说明判断依据。

（2）确定甲公司通过债务重组合并乙公司的购买日，并说明确定依据。

（3）计算甲公司通过债务重组取得乙公司股权时应当确认的商誉。

（4）判断甲公司2×22年12月31日是否应当对乙公司的商誉计提减值准备，并说明判断依据（需要计算的，列出计算过程）。

（5）判断甲公司与戊公司进行的股权置换交易是否构成非货币性资产交换，并说明判断依据。

（6）计算甲公司因股权置换交易而应分别在其个别财务报表和合并财务报表中确认的损益。

2024年注册会计师全国统一考试
《会计》全真模拟试题（六）参考答案及解析

一、单项选择题

1.【答案】D

【解析】谨慎性要求企业不低估费用和负债，不高估资产和收益，不高估资产和收益并不意味着能低估资产和收益，选项A不正确；在符合重要性和成本效益原则的前提下，保证会计信息的完整性，体现了可靠性要求，选项B不正确；从事多种经营的金融企业，其部分资产或负债按照流动和非流动列报、其他部分资产或负债按照流动性列示能够提供可靠且更相关信息的，可以采用混合的列报方式，体现相关性，选项C不正确。

2.【答案】D

【解析】企业采购用于广告营销活动的特定商品，向客户预付货款未取得商品时，应作为预付账款进行会计处理，待取得相关商品时计入当期损益（销售费用）。甲购买挂件派发给客户，属于为了销售活动购入的特定商品，计入销售费用，因此选项D正确。

3.【答案】B

【解析】甲公司对该生产线更新改造后的入账价值＝原账面价值(3 500)－拆除原冷却装置账面价值(500)＋新的冷却装置价值(1 200)＋资本化利息(80)＋人工费用(320)＋原材料(200)＋工程物资(400)＝5 200（万元）。

4.【答案】C

【解析】甲公司在其2×23年度的个别财务报表中应确认对乙公司投资的投资收益＝(8 000－400＋400/10×1/2)×30%＝2 286（万元）。

5.【答案】C

【解析】选项C，预计未来现金流量应以资产的当前状况为基础，而不能考虑未来年度改良的现金流出。

6.【答案】C

【解析】甲公司规定未使用的带薪假只能结转下一年度，其他未使用带薪假在本期冲回，应冲减当期管理费用。

7.【答案】B

【解析】执行合同的损失＝580－500＝80（万元），不执行合同的损失＝100（万元），故选择执行合同。2×22 年 12 月 31 日，甲公司因该合同确认的预计负债 =80 －20 =60（万元）。

8.【答案】D

【解析】选项 A，计入其他综合收益；选项 B，计入该类金融资产的初始入账金额；选项 C，如果是将非交易性权益工具投资指定为该类金融资产，则处置时应将其他综合收益转入留存收益；选项 D，计入投资收益。

9.【答案】C

【解析】甲公司租赁期开始日应确认的租赁收款额 =20×10 +10 +5 =215（万元），资料（2）中涉及的是可变租赁付款额，甲公司应在实际发生时确认为当期收入。

10.【答案】B

【解析】母公司出售部分股权，丧失对子公司控制权，但仍能施加重大影响的，应当在母公司个别财务报表中将拥有的子公司股权整体划分为持有待售类别，在合并财务报表中将子公司的所有资产和负债划分为持有待售类别分别进行列报。

11.【答案】D

【解析】选项 A，受同一方重大影响的企业之间不构成关联方；选项 B，发生大量交易而存在经济依存关系的单个客户、供应商、特许商、经销商或代理商之间不构成关联方；选项 C，与该企业共同控制合营企业的合营者之间，通常不构成关联方关系。

12.【答案】B

【解析】甲公司2×23年稀释每股收益 =1 500/[3 000 +（900 －900×5/6）×9/12 +（100 －100×3/6）×6/12] =0.48（元/股）。

13.【答案】B

【解析】政府会计需要按照“预算会计与财务会计适度分离且相互衔接”方式来进行账务处理，“适度分离”体现“双功能”“双基础”“双报告”。“相互衔接”体现“平行记账”“相互补充”；平行记账的处理方式就是指的单位需要设置一个账套对预算会计和财务会计进行平行的账务处理，而不是要求政府会计主体分别建立预算会计和财务会计两套账。因此，选项 B 不正确。

二、多项选择题

1.【答案】AB

【解析】选项 A，2×22 确认的财务费用 =400×4.3295×5% =86.59（万元）；选项 B，2×23 年财务费用 =（400×4.3295 －400 +86.59）×5% =70.92（万元）；选项 C，2×22 年 1 月 1 日确认无形资产入账成本 =400×4.3295 =1 731.8（万元）；选项 D，2×23 年将要偿还的本金数 =400 －70.92 =329.08（万元），该部分金额应在 2×22 年 12 月 31 日资产负债表中“一年内到期的非流动负债”项目反映。2×22 年 12 月 31 日长期应付款列报金额 =[1 731.8 －（400 －86.59）] －329.08 =1 089.31（万元）。

2.【答案】AD

【解析】选项 B，员工没有满足市场条件时，只要满足了其他的非市场条件，企业也是应当确认相关成本费用的；选项 C，除非是立即可行权的处理，否则不论是现金结算的股份支付还是权益结算的股份支付，在授予日均不作处理。

3.【答案】ABCD

【解析】非正常中断，通常是由于企业管理决策上的原因或其他不可预见的原因等所导致的中断。比如，企业因与施工方发生了质量纠纷，或者工程、生产用料没有及时供应，或者资金周转发生了困难，或者施工、生产发生了安全事故，或者发生了与资产购建、生产有关的劳动纠纷等原因，导致资产购建或者生产活动发生中断，均属于非正常中断。

4.【答案】ABCD

【解析】在判断客户是否已取得商品控制权时企业应当考虑下列迹象：

（1）企业就该商品享有现时收款权利，即客户就该商品负有现时付款义务。

（2）企业已将该商品的法定所有权转移给客户，即客户已拥有该商品的法定所有权。

（3）企业已将该商品实物转移给客户，即客户已实物占有该商品。

（4）企业已将该商品所有权上的主要风险和报酬转移给客户，即客户已取得该商品所有权上的主要风险和报酬。

（5）客户已接受该商品。

（6）其他表明客户已取得商品控制权的迹象。

5.【答案】BCD

【解析】选项A，收到返还的增值税款120万元属于与收益相关的政府补助，应计入其他收益。

6.【答案】CD

【解析】2×23年应交所得税=（5 200+1 600）×25%=1 700（万元）；递延所得税负债=160×25%=40（万元），计入其他综合收益，不影响所得税费用；递延所得税资产=1 600×25%=400（万元）；所得税费用=1 700-400=1 300（万元）。

7.【答案】ABCD

【解析】四个选项均正确。

8.【答案】BCD

【解析】甲公司应确认债务重组收益（计入其他收益中）=2 000-800-7×200×13%=1 018（万元），甲公司针对该事项会计处理为：

借：应付账款　　2000

　贷：库存商品　　800

　　应交税费——应交增值税（销项税额）　　（200×7×13%）182

　　其他收益　　（2 000-800-182）1 018

乙公司应确认投资收益=放弃债权公允价值-放弃债权账面价值=1 400-（2 000-500）=-100（万元），应确认取得A商品成本=1 400-7×200×13%=1 218（万元），乙公司针对该事项会计处理为：

借：库存商品　　（1 400-182）1 218

　应交税费——应交增值税（进项税额）　　182

　坏账准备　　500

　投资收益　　（1 500-1 400）100

　贷：应收账款　　2 000

9. 【答案】BCD

【解析】选项 B，未分配利润项目的金额是倒挤出来的，不是直接按交易发生日的即期汇率折算；选项 C，资产项目按资产负债表日的即期汇率折算；选项 D，负债项目按资产负债表日的即期汇率折算。

10. 【答案】BCD

【解析】选项 A，属于会计估计变更。

11. 【答案】AD

【解析】选项 B，虽然已经结案，但是甲公司无法判断对方的财务状况和支付能力，不作为日后调整事项处理；选项 C，作为会计政策变更处理。

12. 【答案】ACD

【解析】选项 A，甲公司选定可比公司后，应当对关键指标差异进行调整，从而增强市场法的适用性和可靠性，而不应直接采用乙公司同行业上市公司的市盈率对乙公司股权进行估值；选项 C，如果自权益工具购买日至计量日之间的间隔较短，并且在此期间没有发生对该权益工具价值产生重大影响的事件，企业可采用近期交易价格作为无公开报价权益工具的公允价值；如果权益工具非近期购买，或者自购买日至计量日之间发行权益工具的企业（发行人）发生了重大变化，企业可能不应按照近期交易价格确定权益工具的公允价值，应当根据发行人所处的发展阶段，选用恰当的估值方法进行估值。选项 D，企业使用多种估值技术计量公允价值的，应当考虑各估值结果的合理性，选取在当前情况下最能代表公允价值的金额作为公允价值，而非选择估值结果较高的方法。

三、计算分析题

1. 【答案】

（1）属于在某一时段内履行的履约义务。理由：按照戊公司的特定要求在戊公司的土地上建造一栋办公楼，满足“客户能够控制企业履约过程中在建的商品”。

（2）2×23 年的履约进度 = 3 900/6 500 × 100% = 60%

2×23 年应确认的收入 = 8 000 × 60% = 4 800（万元）

2×23 年应确认的成本 = 6 500 × 60% = 3 900（万元）

（3）属于在某一时点履行的履约义务。理由：丙公司可合理预期不会对该专利技术实施重大影响活动。

丙公司按照已公司 A 产品销售额的 2% 收取的提成客户后续销售或实际使用行为实际发生与企业履行相关履约义务二者孰晚确认收入，即应于 2×23 年 12 月 31 日确认收入。

（4）2×23 年 1 月 1 日

收取的固定金额确认收入分录为：

借：应收账款　　1 000

　　贷：主营业务收入　　1 000

2×23 年 12 月 31 日

借：银行存款　　200

　　贷：应收账款　　200

丙公司按已公司销售 A 产品的 2% 收取的提成的金额 = 80 000 × 2% = 1 600（万元）。

借：应收账款　1 600

　贷：主营业务收入　1 600

2.【答案】

（1）事项（1），甲公司应将发放给员工的本企业产品视同销售，并作为对员工的薪酬处理。

借：生产成本　[170×3 000×(1+13%)] 576 300

　　制造费用　[30×3 000×(1+13%)] 101 700

　贷：应付职工薪酬　678 000

借：应付职工薪酬　678 000

　贷：主营业务收入　(3 000×200) 600 000

　　　应交税费——应交增值税（销项税额）　(3 000×200×13%) 78 000

借：主营业务成本　(1 800×200) 360 000

　贷：库存商品　360 000

（2）事项（2），作为累积带薪缺勤处理，2×23 年年末应该根据预计 2×24 年将使用的累计带薪假确认相关成本费用和负债。

借：销售费用　(150×1.5×400) 90 000

　　管理费用　(50×1.5×400) 30 000

　贷：应付职工薪酬——累积带薪缺勤　120 000

（3）事项（3），自行研发项目，不符合资本化条件的支出应当费用化，先计入研发支出（费用化支出），年末转为管理费用；符合资本化条件的支出，先计入研发支出（资本化支出），该项目研发成功达到预定可使用状态后，转为无形资产。

借：研发支出——费用化支出　1 200 000

　　　　　　——资本化支出　800 000

　贷：应付职工薪酬　2 000 000

借：应付职工薪酬　2 000 000

　贷：银行存款　2 000 000

借：管理费用　1 200 000

　贷：研发支出——费用化支出　1 200 000

（4）事项（4）中，给予一次性离职补偿按照重组义务处理，计入管理费用；给予退休人员补偿应当作为离职后福利计入管理费用。

借：管理费用　36 000 000

　贷：应付职工薪酬　(24 000 000+12 000 000) 36 000 000

借：应付职工薪酬　24 000 000

　贷：银行存款　24 000 000

四、综合题

1.【答案】

（1）事项（1），甲公司的会计处理不正确。

理由：母公司授予子公司员工的股份支付，母公司应确认为长期股权投资；甲公司支付的股票为乙公司的股票，站在甲公司的角度，需先以现金购入其他方的股权，然后再进行股份支付，应作为现金结算的股份支付进行处理；2×15 年应确认的成本费用 =（20 - 2）×2 万份×16×1/4×6/12 = 72（万元）。更正分录为：

借：资本公积——其他资本公积　　63

　贷：管理费用　　63

借：长期股权投资　　72

　贷：应付职工薪酬　　72

事项（2），甲公司的会计处理不正确。理由：因播出期间为1年，属于在某一时段内履行的履约义务，需要在提供服务的期间内分期确认收入，截至2×23年12月31日，甲公司应确认的主营业务收入为4 000万元（履约进度为50%）。

更正分录：

借：主营业务收入　　4 000

　贷：合同负债　　1 600

　　应收账款　　2 400

事项（3），甲公司的会计处理不正确。理由：为支持甲公司开拓新兴市场业务，甲公司与母公司签订的债务重组协议，该行为从经济实质上判断是控股股东的资本性投入，A 公司应将豁免债务全额计入所有者权益（资本公积）。更正分录：

借：投资收益　　5 000

　贷：资本公积　　5 000

事项（4），甲公司的会计处理不正确。理由：其他权益工具投资与其他金融资产之间不允许重分类。

更正分录如下：

借：其他权益工具投资——成本　　8 000

　　——公允价值变动　　500

　利润分配——未分配利润　　600

　贷：交易性金融资产　　9 100

事项（5），甲公司的会计处理不正确。理由：投资性房地产的减值金额是账面价值与可收回金额进行比较确定的，可收回金额以预计未来现金流量的现值与公允价值减去处置费用后的净额孰高计量，办公楼的可收回金额是32 500万元，应计提减值损失 =（45 000 - 9 000）- 32 500 = 3 500（万元）。更正分录为：

借：投资性房地产减值准备　　2 500

　贷：资产减值损失　　2 500

企业应该计提的折旧金额 = 32 500/（50 - 10）×6/12 = 406.25（万元）

更正分录：

借：其他业务成本　　（406.25 - 375）31.25

　贷：投资性房地产累计折旧　　31.25

事项（6），甲公司的会计处理不正确。理由：银行对该应收账款有向甲公司追偿的权利，所以应收账款不满足终止确认的条件，应将收到的款项确认为短期借款。更正分录：

借：应收账款　　9 500

投资收益　　500

贷：短期借款　　9 000

坏账准备　　1 000

（2）合并报表角度应作为权益结算的股份支付处理。

理由：合并报表层面以集团自身权益工具（包括结算企业和集团其他子公司的自身权益工具）进行结算时，应作为权益结算的股份支付处理。

（3）甲公司合并财务报表中该办公楼应作为“固定资产”列示。

理由：站在集团角度看，甲公司将自有固定资产出租给戊公司的交易属于母、子公司内部交易事项，合并报表需要将其进行抵销，最终应作为固定资产列报。

2.【答案】

（1）对于丙公司产品质量诉讼案件，乙公司在其2×22年12月31日资产负债表中不应当确认预计负债。

判断依据：乙公司判断发生赔偿损失的可能性小于50%，不是很可能导致经济利益流出企业，不符合预计负债确认条件。

（2）甲公司通过债务重组合并乙公司的购买日为2×22年6月30日。

判断依据：在2×22年6月20日上述债务重组协议经甲公司、丁公司董事会和乙公司股东会批准。2×22年6月30日，办理完成了乙公司的股东变更登记手续，且甲公司向丁公司收取应收款项的权利终止，表明甲公司已支付全部购买价款；同日，乙公司的董事会进行了改选，甲公司能够控制乙公司财务和经营政策。

（3）乙公司可辨认净资产公允价值=4 500+[（1 500-1 000）-20]=4 980（万元），合并成本为付出对价的公允价值3 300万元，应确认的商誉金额=3 300-4 980×60%=3 300-2 988=312（万元）。

（4）甲公司2×22年12月31日应当对乙公司的商誉计提减值准备。

判断依据：乙公司可辨认净资产按照购买日的公允价值持续计算的账面价值=4 500+[（1 500-1 000）-20]+200(2×22年下半年净利润)-评估增值固定资产补提折旧(1 500-1 000)/10×6/12=5 155（万元）。

包括完全商誉的乙公司可辨认资产的账面价值=5 155+312/60%=5 675（万元）；

由于可收回金额5 375万元小于5 675万元，所以商誉发生了减值，因减值损失总额为300万元，而完全商誉金额=312÷60%=520（万元），所以减值损失均应冲减商誉。

甲公司应确认的商誉减值的金额=300×60%=180（万元）。

（5）甲公司与戊公司进行的股权置换交易不构成非货币性资产交换。

判断依据：甲公司收取的货币性资产占换出资产公允价值的比例=1 200/4 000×100%=30%，该比例超过了25%。

（6）甲公司在个别财务报表上确认的股权置换损益=4 000-3 300=700（万元）；

甲公司因股权置换交易而应在其合并财务报表中确认的损益=4 000-[5 155+260（2×23年上半年净利润）-（1 500-1 000）/10 ×6/12+20]×60%-（312-180）=622（万元）。